LAS CARTAS ANGÉLICAS

Autor: Adolfo Pérez Agustí (2004-2019)

www.edicionesmasters.com
ediciones masters@gmail.com

LAS CARTAS ANGÉLICAS

Los creadores de este nuevo arte adivinatorio han combinado la estructura tradicional del Tarot con su comprensión sobre estos seres divinos y las energías que representan. Cada *Carta Angélica* representa a un ángel, el cual está asociado con una serie de elementos que le confieren unas características concretas. Para realizar la adivinación sobre el futuro, el *canalizador* deberá ser capaz de relacionar las cualidades de ese ángel con el problema o anhelo del consultante, lo que en principio parece sencillo. Si el ángel posee coraje, por ejemplo, eso es lo que debemos hacer, pues además, es lo que vamos a obtener de ese ángel en concreto.

Una advertencia: mientras que en el Tarot tradicional se suelen emplear muchas cartas para lograr una conclusión, en este caso la diversidad solamente ocasionará confusión.

Para disponer de sus propios naipes le emplazamos a algo tan sencillo como tener tarjetas con el nombre de cada ángel, nada más. No necesitará disponer de una costosa baraja a colores para dialogar con las entidades y pedirles consejo. Deje esa parafernalia para quienes gustan del envoltorio para hablar con la divinidad.

La comunicación con los Ángeles

Hay diferentes criterios para averiguar la razón por la cual se estableció una conexión entre los ángeles y las *Cartas Angélicas.*

Multitud de ilustraciones han representado tradicionalmente ángeles, quizá por la relación que existe entre el árbol cabalístico de la vida y las cartas adivinatorias, aunque quien mejor definió esta relación fue Juan Randolph en su libro "Los ángeles dentro de nosotros": "El universo es un macrocosmos de energía creativa y la energía procede de Dios, siendo a su vez controlada por los ángeles quienes gobiernan la manifestación de todas las formas y experiencias de cada ser vivo".

Poniéndolo más simple, las *Cartas Angélicas* son una manifestación externa de una vibración superior.

El método básico usado es llevar nuestro problema (la energía que se manifiesta negativamente) a una dimensión más alta que tenga una vibración superior, es decir un ángel, y con la interacción con esa vibración más alta, se mejora el problema.

El vehículo para este viaje a otra dimensión (lugar) en una octava más alta (vibración), es la imaginación. La imaginación o la visualización dirigida le permiten adaptarse a los patrones particulares de la energía, y cuando las técnicas de la visualización se combinan con el conocimiento cabalístico de la adivinación, entraremos en un proceso llamado *llegada a un plano superior.* Si comenzamos imaginando una escena interna, creada con toda clase de detalles, estaremos dirigiendo nuestro sueño con tanta intensidad que pronto lo que está sucediendo dejará de ser una invención.

El Tarot tradicional ha sido referido por los metafísicos como la llave al universo, pues es capaz de conectar los universos internos y externos. Y así, cuando una energía particular en el Tarot se está manifestando negativamente en nuestras vidas, es una muestra que no se ha integrado correctamente.

Hay diversas maneras de integrar las *Cartas Angélicas* con la energía del universo, aunque la manera en que podemos elegir depende de nuestra forma de considerar el mundo. Un pragmatista puedo asimilar de forma real la ruptura de su relación sentimental, mientras que una persona a quien le atrae la psicología integrará su problema es diversas teorías sobre el comportamiento humano.
Otros, si creen en la línea marcada por Jung, dibujará teorías, algunas complejas, sobre el raciocinio y la interpretación de los sueños, mientras que una gran cantidad preferirá meditar sobre las causas y consecuencias de su infortunio.
Finalmente, habrá quien cierre su grifo personal del dolor, y acudirá rápidamente en busca de un nuevo amor.
En sí, lo que toda persona pretende al acudir las *Cartas Angélicas*, es encontrar una esperanza para el mañana, un convencimiento de que todo irá mejor y que el pasado es simplemente una mala pesadilla a punto de acabar. Para ello, para ser feliz (finalmente, el verdadero motivo) hay multitud de posibilidades y no hay necesidad de adoptar ningún nuevo punto de vista particular. Lo mejor parece consistir en aplicar el razonamiento adecuado al

momento en que nos movemos, lo que nos permitirá ver el problema de forma diferente. Dicho de otro modo: hay que ver nuestra vida de un modo holístico, en su totalidad, interconectado con todo, incluido el plano sentimental, laboral, social, económico y de salud.

La adivinación del futuro mediante los ángeles es una de las mejores opciones para clarificar nuestras dudas, pues estamos tratando de contactar con entidades casi divinas, pero con conocimientos tan humanos que nuestros problemas siempre les son familiares. Ellos, los ángeles, no buscan nuestra devoción o agradecimiento, y en esta ayuda desinteresada está su misión y su premio.

Mientras que en el Tarot tradicional quienes nos proporcionan las respuestas son seres o figuras inexistentes, en las *Cartas Angélicas* todo es real, por lo que la invocación y consultas son más certeras, menos esotéricas.

Los espíritus angélicos están presentes en el ámbito de numerosas religiones, y su nombre y representación gráfica varían según la tradición cultural a la que pertenecen. En Europa, las primeras iconografías se encuentran en las obras de los pintores cristianos de los siglos IV y V, pero, más tarde, artistas de gran sensibilidad como Era Angélico, Giotto, Rafael, Miguel Ángel o Correggio, se han dejado fascinar por estos seres espirituales y los han recogido en obras de arte de inmensa belleza.

Las *Cartas Angélicas* se inspiran en esta iconografía, pero se sustenta en la tradición hindú, pues los seres espirituales que la ilustran son los ángeles del karma de las doctrinas orientales, los mismos de la tradición judeocristiana, que en el Antiguo y el Nuevo Testamentos aparecen citados como los habitantes de los Siete Cielos. Estos ángeles del karma son los que determinan nuestro camino terrenal.

Efectivamente, *karmen* significa "hacer", en el sentido de que todos los actos humanos tienen, necesariamente, consecuencias. Según esta ley cósmica de causa y efecto, los hombres son los artífices de su suerte o infortunio; pero no se dan cuenta de ello, e imputan a factores externos las causas de su infelicidad. El karma, pues, es un concepto que se emplea en las tres grandes religiones de la India para definir la efectividad de los actos humanos, y mediante los cuales quedarán determinados la clase y el nivel de la siguiente reencarnación.

El karma concibe la existencia humana como una larga cadena de vidas, en la que cada una en particular está determinada por las acciones de esta persona en su vida anterior. Por ello, una acción se convierte en karma cuando se realiza buscando un fin, especialmente en cuanto a asegurarse una buena reencarnación. En las religiones de la India, que no conocen los conceptos de culpa, castigo y redención, el karma es un concepto esencial para comprender los comportamientos humanos y el necesario equilibrio para asegurarse un comportamiento individual correcto. Para ayudarnos están los ángeles, encargados de transmitir una visión más amplia y esclarecedora de su propia vida a quien así se lo solicite.

Existen otros muchos métodos adivinatorios relacionados con los ángeles; algunos proceden de antiguas tradiciones y otros se han construido sobre la experiencia de célebres cartománticos y personas receptivas. De hecho, las cartas se pueden consultar cada vez que se siente el deseo o la predisposición interior para hacerlo, aunque los ángeles pueden estar presentes en la vida de las personas de una manera muy íntima y personal, por ejemplo, invocando al Ángel de la Guarda de cada día.

El procedimiento

Ante todo hay que tener en cuenta que no estamos conjurando o invocando a entidades tenebrosas o espíritus burlones. Ya no se trata de moverse en la oscuridad, con velas de diferentes colores, y ni siquiera de ponerse en trance o realizar una meditación preliminar profunda. Los ángeles son criaturas divinas, y como tales no hacen daño, son pacientes, bondadosos, y con deseo intenso de ayudarnos, pues esa es la misión para la cual fueron creados.

Uno de los procedimientos es sumamente sencillo: basta con esparcir las cartas tapadas sobre una mesa instantes después de comenzar; luego, se observan durante algunos minutos y se extrae una sola carta. El ángel que aparezca será el Custodio del día que va a transcurrir a partir de ese momento. Después se mezcla el resto de las cartas, con el dorso visible, y empleando la mano izquierda se descubren, una o más, según el ritual que se desee seguir.

Ahora es el momento de la meditación, de concentrarse en nuestro interior, tratando de captar los mensajes angélicos que con seguridad nos van a llegar.

Se pueden cerrar los ojos y dejar que se pongan en contacto con nosotros, algo que con seguridad harán, ya que su poder es rápido y no necesitan intermediarios ni permisos.

El contacto con los ángeles no necesita del mismo ceremonial que con los muertos, anteriormente humanos como nosotros, ni existe el riesgo de que nos hagan daño o no deseen aparecer. El único requisito es creer firmemente en ellos, como un acto de fe, y hablarles con sinceridad.

En ocasiones el contacto comenzará con un acto aparentemente sin importancia, como el color vibrante de una luz, o el sutil aroma del incienso que ahora se hará más fuerte. También es posible que la habitación se torne más silenciosa que nunca y que esté impregnada de una música casi imperceptible, como cuando observamos una puesta de sol en un lugar apartado.

Después de algunos instantes se pueden efectuar mentalmente las preguntas, sean para pedir consejo sobre las propias dudas, o para ayudar a alguien presente que está angustiado. Si este es su caso y se ha convertido en un profesional, debe saber que es lícito cobrar por la dedicación, pues hasta los sacerdotes más ascetas necesitan dinero para vivir.

Las normas de obligado cumplimiento son:

- -No hacer el ritual en luna menguante.
- -Estado mental positivo en cada momento del ritual, ya que invocar no es un ruego, es una orden y un decreto que se debe cumplir. Hay que imaginar que se está cumpliendo lo que se pide.
- -Si quiere encender velas sólo con cerillas de madera. No hay que apagarlas después soplando, y en su lugar se usa el pulgar e índice mojados o un apagavelas.
- -Si se es mujer, no realice el ritual si está embarazada.
- -Lavarse las manos después de terminar el ritual. Si es posible, cambiarse la ropa que se ha llevado puesta durante el ritual y lavarlas.
- -Hay que hacer el ritual en solitario y sobre todo sin la presencia de niños.
- No lo realice como un juego de sociedad. La persona que le está consultando merece su respeto, lo mismo que las entidades angélicas.
- Si no cree en este método de adivinación, no participe.

Es fundamental tener en cuenta:

• Que los ángeles no manifestaran su presencia si el ritual se realiza por frivolidad, por satisfacer una curiosidad y sin fe.

• Que sólo en casos excepcionales los ángeles se manifiestan de forma corpórea ante los humanos.

• Que el ángel se manifiesta de forma simbólica. Hay que estar muy atentos a las señales y a prestar atención a los sueños y muy especialmente a las personas desconocidas que dicen algo importante o espiritual.

• Hay que analizar algunos acontecimientos que no sean habituales, como son los regalos inesperados o los pequeños objetos personales que desaparecen y luego aparecen. Tratar de interpretar su mensaje.

• Y sobre todo, decidirse a ponerlo en práctica, comenzando ahora mismo.

ALFABETO CELESTIAL

aleph	beth	gimel	daleth	he	vau	zain	cheth
(silent)	b/v	g	d	h	w	z	ch

thes	iod	caph	lamed	mem	nun	sameth	ain
t	y	k	l	m	n	s	(silent)

pe	zade	kuff	res	schin	tau
p	ts	q	r	sh	t

INTERPRETACIÓN DE LOS CARTAS

MIKAEL

Ejemplo de carta

Este tipo de cartas están basadas en los ángeles del Cábala, una parte de las interpretaciones orales judías no incluidas en el Pentateuco, los cinco libros de Moisés (Génesis, Éxodo, Levítico, Números y Deuteronomio), aunque se le conoce también bajo el nombre de Torah. En ellos se encuentra la historia de Israel desde los tiempos más antiguos, especialmente la historia de los patriarcas, el Éxodo, el Sinaí y la entrada en Canaán.

Sin embargo, la parte que ahora nos interesa es aquella que traduce la palabra Cábala como el arte mágico tradicional de origen judío, desarrollado en las formas de la teosofía y el misticismo a partir de, aproximadamente, el 1200 a.C. Sus defensores lo mencionan como un arte esotérico que consiste en valerse de anagramas, transposiciones y combinaciones de las letras hebraicas y de las palabras de las Sagradas Escrituras, para descubrir su significado.

El término Cábala expresa, pues, el uso de los significados y poderes misteriosos de las letras y los números, los ritmos y vibraciones de las palabras, los cuales bastan para invocar poderes angélicos y espíritus de diversas clases. Posteriormente, se atribuyó a los numerosos ángeles mencionados en los textos judíos propiedades especiales para proteger a las personas, lo que derivó primero en oraciones e invocaciones específicas, y más tarde, cuando el Tarot francés se divulgó universalmente, en un sistema adecuado de adivinación.

Según los cabalistas, su arte les permitía descubrir los significados ocultos que Jahveh, Dios, había guardado en las palabras de las Escrituras a través de los ángeles.

Hay tres maneras esenciales para trabajar con las *Cartas Angélicas*:

1. Sacar aleatoriamente una carta con el fin de invocar a ese ángel en concreto, en las horas señaladas y para que nos potencie las cualidades para las cuales estamos capacitados.
2. Invocar o rezar solamente a aquel ángel que responde a nuestras pretensiones de mejora.
3. Sacar varias cartas y establecer una hipótesis, especialmente sobre lo que nos deparará el futuro. Naturalmente, este último aspecto requiere que el ejecutante posea los adecuados conocimientos de astrología.

A partir de estas posibilidades, y según sean las dificultades encontradas o la complejidad del problema, se sacarán hasta un máximo de diez cartas, tantas como mandamientos tiene el Decálogo. Cada grupo de tres llevará otra situada debajo, e incluso horizontalmente.

Interpretación

1. VEHUIAH

Atributo: Dios elevado por encima de todas las cosas.
Planeta: Neptuno.
Coro angélico: Serafines.
Horario de regencia: de 0 a 0,20 horas.
Se le invoca para:
Emprender y ejecutar las cosas más difíciles.
Transformarse en un guerrero del fuego espiritual.

Favorable:

Extremadamente curioso, está siempre en búsqueda de la verdad. Interiormente es equilibrado y sabe que tiene un gran potencial para curar a través de sus manos. Tiene una gran protección en su nivel astral y se interesa por los más diversos asuntos. Encara todo con optimismo y se preocupa por sus amigos. Adora a la familia unida. Está dotado de una espiritualidad sutil y de gran astucia. Inventor y creativo, es un artista inspirado. Está en la tierra para ser el precursor de un nuevo mundo. Tiene facilidad para escribir y para la oratoria, por eso tendrá propensión para la vida política. Posee buenas maneras y sus trabajos serán premiados y reconocidos.

Cambios

Tiene tendencia a encontrar varios amores, pero demora en desligarse de su antiguo amor.
Gusta de las competiciones, disputando siempre con generosidad, pero siempre batiendo todos los récords. Entiende que los momentos difíciles suceden para que haya crecimiento. Le gusta la vida social y siendo poseedor de un fuerte magnetismo y carisma, podrá frecuentar la alta sociedad.

Cambios

Tiene tendencia a encontrar varios amores, pero demora en desligarse de su antiguo amor.
Gusta de las competiciones, disputando siempre con generosidad, pero siempre batiendo todos los récords. Entiende que los momentos difíciles suceden para que haya crecimiento. Le gusta la vida

social y siendo poseedor de un fuerte magnetismo y carisma, podrá frecuentar la alta sociedad.

2. YELIEL

Atributo: Dios que socorre.
Planeta: Neptuno.
Coro Angélico: Serafines.
Horario de regencia: de 0:20 a 0:40 horas.
Se le invoca para:
Obtener victoria contra quienes nos atacan injustamente.
Calma revueltas populares y mejorar el comportamiento de los gobernantes.
Restablece la paz entre los esposos y la fidelidad conyugal.

Restablece la armonía entre empleados empleadores.

Favorable

Gusta de hacer todo de forma rápida y cuando es pequeño generalmente no tiene paciencia para oír a los profesores porque le parece que las informaciones ya están en su mente. Tiene desde pequeño intuición para ver lo que es correcto y lo que es errado. En su interior, también desde pequeño, sabe que no está en la tierra porque si y sabe que su familia es kármica, sintiendo por esto cierta obligación en ayudarlos. Extremadamente amoroso, exalta la verdad y el amor fraterno universal. Sus emociones superiores son tan fuertes que a través de estas entra en contacto con su ángel de regencia.

Cambios

Nunca se deja influenciar negativamente y tiene sobriedad para dominar cualquier tipo de situación. Es portador de paz donde existe un conflicto, defiende la verdad y detesta la violencia. Adora los animales, ama las flores y a toda la naturaleza. Las personas lo consideran como mágico, gracias al buen humor con el cual resuelve todas las situaciones. Es un poco vanidoso y le gusta andar siempre a la moda.

3. SITAEL

Atributo: Dios esperanza de todas las criaturas.
Planeta: Neptuno.
Coro Angélico: Serafines.
Horario de regencia: de 0:40 a 1 horas.
Se le invoca para:

Calmarnos ante las adversidades.

Poseer magnetismo personal.

Protegernos en accidentes de automóviles, asaltos.

Darnos fuerza y voluntad ante nuestros compromisos.

Pedir protección ante todo tipo de ataque.

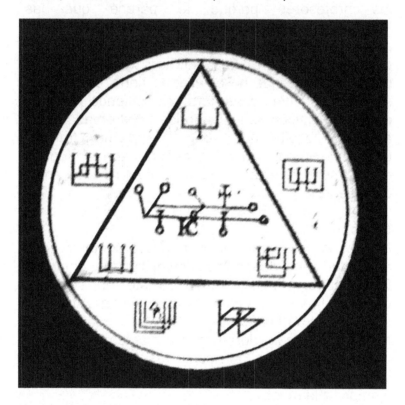

Favorable

Sabe que tiene mucha suerte y por eso tiene la posibilidad de realizarse financieramente. Está siempre en actividad, luchando por su ascenso. No consigue por orgullo pedir favores a nadie. Es un trabajador solitario. Es bonito interna y externamente. Por su fuerte carisma atrae la atención de las personas. Respira vida y vive cada día de una manera especial. No le gusta la palabra destino por hallarlo muy cómodo. Tiene el alma elevada y gusta de tener muchos amigos a los cuales generalmente les da consejos precisos. Tiene buen criterio, comprendiendo fácilmente todas las situaciones que la vida le da. Generalmente perdona a quien intenta perjudicarle. A veces se muestra un poco inhibido sin motivo, pues conoce todas las experiencias que el mundo ofrece.

Cambios

Es un gran transformador, protegiendo e incentivado a personas de ideas nuevas. Tiene gran simpatía y gentileza. Adora las fiestas, banquetes, celebraciones y es reservado en la forma en que se viste. Dice lo que piensa porque no sabe disimular o actuar de forma dudosa. Tiene muchos recuerdos de cosas que no fueron vividas en esta encarnación, que generalmente aparecen en forma de sueños. El objetivo de su personalidad que concuerda con su alma será su nobleza.

4. ELEMIAH

Atributo: Dios oculto.
Planeta: Neptuno.
Coro angélico: Serafines.
Horario de regencia: de 1 a 1:20 horas.
Se le invoca para:
Aquietar el espíritu atormentado ante las adversidades.
Reconsiderar nuestros actos.
Protección en los viajes.
Ayudarnos a conocer a los traidores.
Ayudarlos a descubrir la profesión.
Que nos ilumine para no continuar en los errores.

Favorable

Tiene certeza sobre su potencialidad divina y desde joven va a descubrir sus dones. Le encanta abrir la mente a las personas con ideas y propuestas nuevas. A veces queda un poco triste porque las personas a quienes quiere bien abusan de su buena suerte. En su interior siente una fuertes propensión a ayudar a las personas, primordialmente los más necesitados, pudiendo muchas veces excusarse por no dar algo material, pero nunca rehusará una llamada que implique realizar un trabajo. Tiene fuerte potencialidad en las manos para curar y está siempre trabajando en varios proyectos al mismo tiempo. Está dotado de un fuerte carisma y se mueve realmente mucho por la intuición. Tiene fuertes presentimientos cuando algo va a ocurrir.

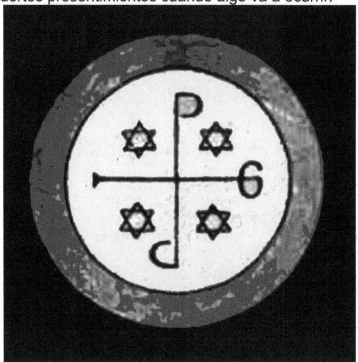

Cambios

De su inconsciente surgen las explicaciones para los problemas que pasa en esta vida, sin necesitad de buscar a alguien para que le ayude. Descubre dentro de las filosofías fundamentales su estilo de vida. Sería interesante que conociera su árbol genealógico porque podría tal vez encontrar un pariente distante cuyos hechos estuvieron registrados históricamente, que podrían ser similares a los personales. Tiene predisposición para rehacer su vida conociendo las sociedades primitivas, pues probablemente le gusta la antropología y la arqueología.

5. MAHASIAH

Atributo: Dios salvador.
Planeta: Neptuno.
Coro angélico: Serafines.
Horario de regencia: de 1:20 a 1:40 horas.
Se le invoca para:
Vivir en paz con todo el mundo.
Obtener fuerza moral.
Concedernos el conocimiento de las ciencias del espíritu.
Comprender sobre Filosofía y Teología.

Favorable

Aprenderá todo con facilidad y rapidez, inclusive idiomas, porque tiene recuerdos de vidas anteriores. Estará siempre transformando, creciendo y muriendo en otras áreas, tanto en la vida sentimental como en la profesional. Está dotado de gran equilibrio interior, sentido de justicia, generosidad y sabiduría. No limitará sus fuerzas para el crecimiento espiritual, tanto suyo como de su familia. Actúa siempre de acuerdo a las leyes sociales o humanas. Es un ejemplo de virtud y su aura puede ser claramente vista entre los hombros y la cabeza. Su verdad está en la razón lógica conseguida a través de los estudios de filosofía.

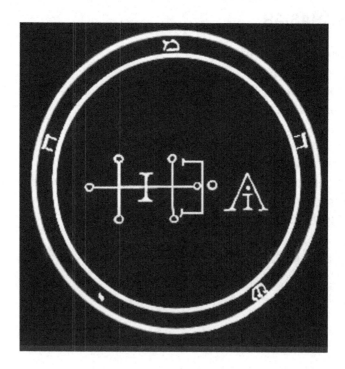

Cambios
Tiene facilidades para trabajar con ceremonias mágicas, para convocar fuerzas espirituales y comunicarse con los ángeles, y será un portal del reino angélico. Le gustará siempre estar en centros de meditación, conferencias, congresos y seminarios espirituales, pero conserva siempre la conciencia cuando practica la espiritualidad. Servirá exclusivamente a su verdad que es la de su dios. Tendrá tendencia a vivir en forma suntuosa, deseando ampliar su casa para hacerla clara, confortable, repleta de flores y objetos simbólicos. Probablemente contará con una gran biblioteca.

6. LELAHEL

Atributo: Dios loable.
Planeta: Neptuno.
Coro angélico: Serafines.
Horario de regencia: de 1:40 a 2 horas.
Se le invoca para:
Curar enfermedades del espíritu.
No tener ambición desmedida y no utilizar el poder para fines ilícitos.
Ayudarnos a reflexionar.
Adquirir iluminación y protegernos de personas malvadas.

Favorable

Tendrá mucha fuerza para cortar el mal. Está dotado de gran idealismo y equilibrio. Estará siempre presto a ayudar a quienes lo necesitan, llegando a realizar sacrificios actuando de forma desinteresada. Es portador de una joya "rara" llamada Luz interior, pero algunas veces le puede faltar fuerza de voluntad e inclusive abandonar el campo de batalla. Pero en esta situación busca renacer sobre sí mismo. El símbolo que se le puede asociar es la serpiente que se muerde su propia cola como símbolo de renacimiento. Siente la protección de Dios y del mundo angélico, pudiendo tener un fuerte contacto psíquico con su ángel, y puede conectar también con inteligencias de otras galaxias. Tiene gran facilidad para captar mensajes entrando en sintonía con el mundo de los espíritus e inclusive de forma inconsciente podrá mover objetos.

Podrá desarrollar de forma científica los conceptos que le son enviados desde un plano astral, pudiendo a través de análisis de textos tradicionales, simplificar los conocimientos para que todos puedan entender la belleza de las ciencias de los ángeles.

Cambios
Trabajará para ser un hombre honrado y conocido por todos y usará su conocimiento para grandes causas, principalmente mejorar el nivel de vida y conciencia y de la humanidad. Por ser adepto a las ciencias tecnológicas no convencionales, tendrá ideas para la construcción de hospitales, para utilizar curas espirituales, por ejemplo con la utilización de cristales.

7. AKAIAH

Atributo: Dios paciente
Planeta: Neptuno
Coro angélico: Serafines
Horario de regencia: De 2 a 2:20 h
Se le invoca para:
Brindarnos la capacidad de ser pacientes.
Propagar nuevas ideas
Encontrar el sentido de la vida cuando se pierde la Fe.
Pedirle ayuda para tener éxito en tareas difíciles.
Facilitarnos el descubrir secretos de la naturaleza

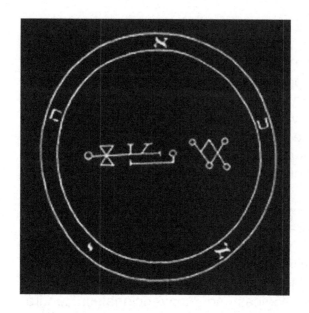

Favorable

Aspecto evolucionado: Son personas muy espirituales, pero a la vez tienen los pies en la tierra. Miran el horizonte pero tienen la mente en las estrellas.

Aunque no tenga instrucción formal, tendrá conocimientos que lo convertirán en una persona influyente. Estará siempre atento a las oportunidades que la vida presenta y a través de su intuición sabrá aceptar riesgos y sortear peligros.

Cambios

Es obstinado y tenaz, y posee una gran habilidad para conocer todos los puntos de vista sobre las situaciones. Es altruista, inmensamente paciente y comprensivo con todos. Se podrá interesar por comunicarse con la naturaleza utilizando equipos ultrasensibles o mediante el estudio de las potencialidades del cerebro humano.

8. CAHETHEL

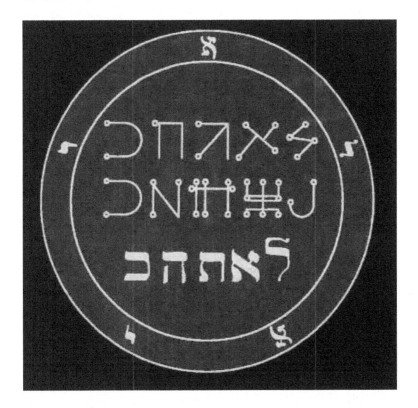

Atributo: Dios adorable
Planeta: Neptuno
Coro angélico: Serafines
Horario de regencia: De 2:20 a 2:40 horas.
Se le invoca para:
Expulsar "malos espíritus" o pensamientos negativos obsesivos.
Obtener Misericordia y Bendición de Dios.
Protección de personas y cosas.
Agradecer los bienes de consumo obtenidos de la tierra.
Favorecer la producción agrícola.

Favorable

Poseen armonía en su carácter, equilibrando lo espiritual con lo material.

Son maduros y dominan sus impulsos. Tienen una clara visión del mundo y sus leyes y siempre siguen hacia delante en lo que se proponen. Por su madurez se sienten a veces descolocados con respecto a su grupo social, familia y amigos, pues tienen dificultad para entenderlo. Siguen a su corazón y con gran intuición se muestran humildes para poder transmitir su conocimiento y sabiduría. No tienen miedo a nada y siempre están dispuestos a ir de viaje, con su equipaje preparado.

Cambios

Podrá ser un pionero en la producción agrícola y sabrá compartir su prosperidad con los más allegados, aunque puede atribuir su éxito a la suerte. Agradece siempre a Dios por todo lo que consigue

9. HAZIEL

Atributo: Dios de Misericordia
Planeta: Urano
Coro angélico: Querubines
Horario de regencia: De 2:40 a 3 horas.
Se le invoca para:
Conseguir el cumplimiento de una promesa.
Recibir apoyo de los demás y misericordia Divina.
Tener buenas amistades.
Reconciliación.
Dar y recibir bondad.
Favorable
Poseen la gracia y la misericordia de Dios por que saben comprender y no juzgar los errores de otros. Comprenden que las experiencias dolorosas ocurren

para que podamos impulsarnos cada día en nuestra evolución. Gozan de la protección de personas mayores e influyentes, y por su actuación brillante suelen estar en puestos de trabajo importantes.

En los momentos más difíciles contarán con la Providencia Divina y se sentirán favorecidos en temas relacionados con la justicia.

Leal compañero y un gran amigo, en su interior impera la nobleza de carácter.

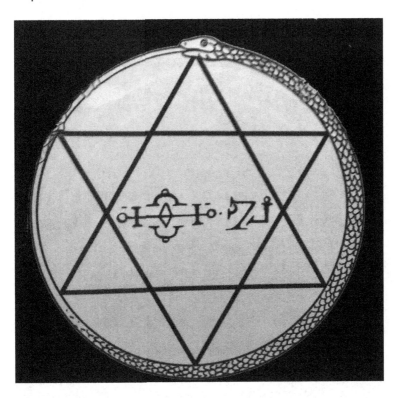

Cambios
Crecen continuamente y saben que a pesar de los obstáculos siempre obtendrá un merecido triunfo en cualquier situación. Perdonan siempre incluso las ofensas más graves, sabiendo transmutar lo negativo en positivo. Apreciarán el Arte y el dinero no será problema en su vida. No medirán esfuerzos en pos de sus ideales.

10. HALADIAH

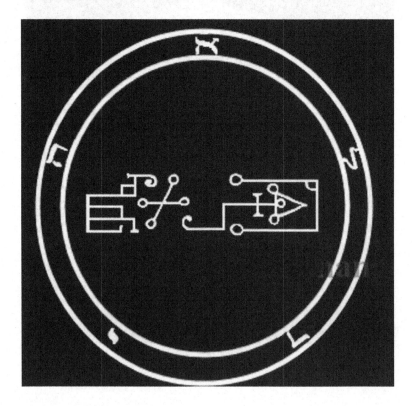

Atributo: Dios propicio
Planeta: Urano
Coro Angélico: Querubines

Horario de regencia: De 3 a 3: 20 horas.
Se le invoca para:
Sanar dolencias físicas y espirituales.
Protegernos de energías psíquicas nocivas y envidias proyectadas hacia uno.
Obtener perdón cuando hay real arrepentimiento.
Regeneración de la moral.
Gozar de la amistad de personas importantes.

Favorable
Son personas confiables de buen corazón y correctos en sus emprendimientos.
Tendrán una vida social intensa y frecuentarán lo mejor de la sociedad.
Serán como ángeles en la tierra, comprensivos, reservados y dedicados a la persona amada.
Tendrán una imaginación fecunda, auto-confianza, flexibilidad y capacidad de escoger siempre los mejores caminos y momentos para actuar.

Cambios
Trabajadores incansables, no medirán esfuerzos para lograr una sociedad más justa.
Serán portadores de armonía y les agradará cuidar su cuerpo.

11. LAUVIAH

Atributo: Dios exaltado
Planeta: Urano
Coro Angélico: Querubines
Horario de regencia: De 3:20 a 3: 40 h.
Se le invoca para:
Protección contra rayos y tempestades naturales.
Protección contra el orgullo y la calumnia.

Prevenir de ataque de nervios.
Obtener victoria sobre adversarios, sobreponernos a nuestras debilidades.
Rehacer amistades.
Protegernos de fraudes.

Favorable

Gozarán de gran inventiva, desarrollando ideas que utilizarán de forma práctica en su día a día. Serán célebres por sus actos mejorando su personalidad en cada nueva experiencia de vida. Tendrán sentimientos fueres y duraderos con las personas que se relacionen. Tienen una inmensa capacidad de amar.

Cambios
Tendrán éxito y gozarán de estabilidad financiera.
Apasionados por la filosofía, comprenderán fácilmente el mundo que los rodea y tendrán habilidad para contactar con mentes sencillas. Se enfrentarán a grandes desafíos, tanto en lo sentimental como en lo profesional.

12. HAHAIAH

Atributo: Dios refugio
Planeta: Urano
Coro angélico: Querubines
Horario de regencia: De 3:40 a 4 horas.
Se le invoca para:
Interpretar sueños y misterios ocultos.
Brindarnos ayuda ante adversidades en general
Protegernos contra la mentira y el abuso de confianza.
Brindar revelaciones, en especial sobre Cosmología.

Favorable
Poseedores de una personalidad fuerte, sagaz, espiritual y discreta, tienen gran felicidad interior y comprenden el mundo de otras personas con facilidad. Serenos, maduros y equilibrados, su misión en la tierra es hacer que los demás descubran su espiritualidad.
Tendrán un fuerte sentimiento fraternal y cuidarán de personas abandonadas. Actúan siempre dando buenos consejos, serán especialistas en calmar a las personas cuando estén nerviosas y serán un ejemplo viviente de la armonía con las leyes universales a través de sus actos. La voz de sus ángeles, como la voz de su conciencia, se manifestará desde una edad temprana.

Cambios

Podrá tener éxito en lo vinculado a lo esotérico, ya que la Magia será algo natural para él; podrá ver el aura de las personas y se inclinará por los conocimientos orientales.

Estarán dotados de un enorme carisma que facilitará su relación con el sexo opuesto

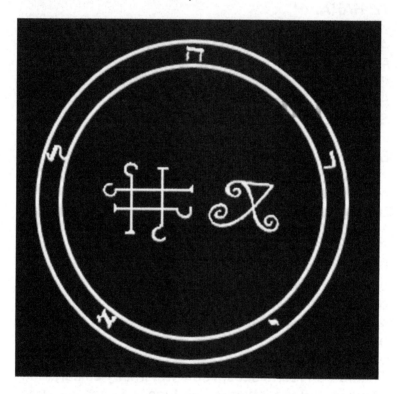

13. IESALEL

Atributo: Dios glorificado
Planeta: Urano
Coro Angélico: Querubines
Horario de regencia: De 4 a 4:20 horas.
Se le invoca para:
Obtener Justicia.
Favorecer la imparcialidad de los magistrados.
Proteger contra la calumnia y falsos testimonios de aquellos que desean usurpar los bienes ajenos.
Liberar de la depresión.
Proteger a los inocentes y hacer conocer la verdad.

Favorable
Conocedores de las leyes materiales y espirituales, serán siempre portadores de buenas noticias. La nobleza de carácter y dignidad en sus acciones, caracterizan su vivir. Muchas veces tendrán una fuerte impresión de que aquello que viven ya lo experimentaron en otra dimensión o vida. Tendrán gran capacidad de adaptación y el sentido de sus vidas será la transmutación de lo burdo en espiritual. No les gusta perder su tiempo en cosas fútiles y serán el centro de atención en cualquier ambiente donde se muevan por su sabiduría, serenidad e intuición.

Cambios
Su ángel puede mostrarle grandes conocimientos que son legados de otras vidas para que pueda ayudar a otras personas que lo necesitan.
Tendrá el don de la oratoria y un claro discernimiento.

14. MEBAHEL

Atributo: Dios conservador.
Planeta: Saturno.
Coro Angélico: Tronos.
Horario de regencia: de 4:20 a 4:40 horas.
Se le invoca para:
Pedir justicia e imparcialidad.
Pedir protección contra la calumnia y falsos testimonios de aquellos que desean usurpar los bienes ajenos.
Liberarnos de la depresión.
Proteger a los inocentes.
Hacer conocer la verdad.

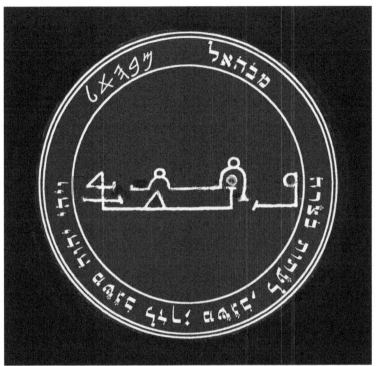

Favorable

Será un codificador de sueños, conocedor de las leyes materiales y espirituales. Siempre portador de buenas noticias, será un defensor urbanístico y de forma desinteresada de las personas inocentes. A través de su ego marca una fuerte presencia de su espíritu. Vive su día a día con nobleza y dignidad en las acciones, aunque a veces tendrá una fuerte impresión de que está viviendo algo que ya aconteció en otra dimensión u otra vida. Tendrá gran facilidad de adaptación y su vida será la transmutación en el sentido de una regeneración espiritual. No perderá tiempo en futilidades y en cualquier ambiente que estuviera será el centro de atención por la sabiduría, buen sentido, serenidad e intuición que muestra.

Cambios
Su ángel puede mostrarle grandes conocimientos y el legado de otras encarnaciones, para ser usado con las personas que necesitan ayuda. Tendrá el don de la oratoria y un fuerte discernimiento.

15. HARIEL

Atributo: Dios creador.
Planeta: Saturno.
Coro Angélico: Tronos.
Horario de regencia: de 4:40 a 5 horas.
Se le invoca para:
Obtener mejoras en el desempeño profesional.
Atraer el amor y la bondad de quienes nos rodean, especialmente entre los integrantes de nuestras familias.
Exaltar los sentimientos religiosos.
Ayudarnos a descubrir lo útil y lo nuevo.

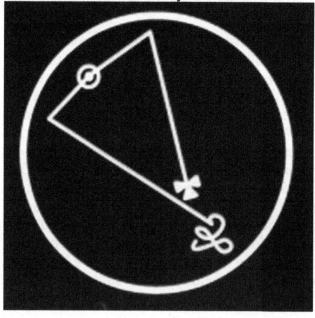

Favorable

Tiene gran pureza de sentimientos, es simple, pero refinado para los valores materiales y sociales. Tendrá tendencia al estudio de las ciencias esotéricas, organizando asociaciones, promoviendo conferencias y trabajando para instruir la legalización de actividades esotéricas o alternativas. Su religión es exaltada. Tendrá gran iluminación que le ocurrirá de modo consciente. Instituirá ritos y costumbres para contribuir a la expansión de la espiritualidad. Tendrá poder para las invocaciones mágicas y combatirá el materialismo para mejorar la existencia humana. Tendrá una autoridad, una inteligencia analítica extraordinaria. Poseedor de un fuerte sentimiento de justicia, encontrará siempre la iluminación para escoger los caminos que deberá seguir.

Cambios

Realista, estará siempre con los pies en el suelo. Tendrá facilidad para aprender, crear y estudiar. Estará siempre de gran humor, mostrando que la vida es simple y que no hace falta dificultarla. Pedirá siempre a su ángel cosas que éste le otorgará rápidamente. Un año de su vida pueden ser comparados con cinco de otra persona.

16. HEKAMIAH

Atributo: Dios creador del Universo.
Planeta: Saturno.
Coro Angélico: Tronos.
Horario de regencia: de 5 a 5:20 horas.
Se le invoca para:
Ayudarnos a trascender nuestros problemas.
Vencer a nuestros enemigos internos.
Proteger a los que ocupan posiciones de liderazgo.
Pedir coraje, perseverancia y constancia.

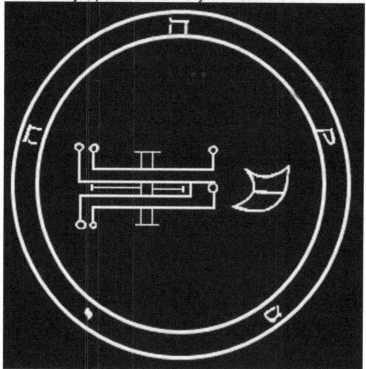

Favorable
Tiene un aura natural de paz. Su sinceridad es reflejada a través de su nobleza y autoridad, de su personalidad y prestigio. Es fiel a sus juramentos,

tiene carácter franco, leal, bravo y susceptible a las cuestiones de honor. Se ocupa extremadamente de su familia y sus hijos dándoles la prioridad sobre todo. Querido por todos, será siempre respetado por la sensibilidad que posee. Vivirá cada minuto de su vida con mucha ternura, amor, esperanza y deseará para todos una existencia tan digna como la suya.

Cambios
Le gustará siempre estar cambiando todo, desde la posición de los muebles, restauración y pintura de su casa, hasta la apariencia física con la cual tiene mucho cuidado y atención. Muy sensual, apreciará guardar trofeos de sus amores como queriendo exteriorizar los sentimientos del pasado.

17. LAUVIAH

Atributo: Dios admirable.
Planeta: Urano.
Coro Angélico: Querubines.
Horario de regencia: de 5: 20 a 5: 40 horas.
Se le invoca para:
Generar amistades profundas.
Revelarnos el significado de los sueños.
Obtener talento artístico y literario.
Ayudarnos a salir de los tormentos espirituales y la tristeza.
Dormir bien.
Tener compresión de las ciencias espirituales.

Favorable
Tiene habilidad para entender mensajes y revelaciones simbólicas. El mundo astral se manifiesta a través de su inconsciente,

ocurriéndoles visiones, premoniciones o imágenes de los mundos superiores. Sus facultades psíquicas están manifestadas a través de pequeños detalles, como la música, la poesía, la literatura o en la filosofía. A través de la nobleza de carácter su espíritu irradia una luz muy intensa interiormente. Sabe que su parte analógica es capaz de conseguir todo lo que quiere, principalmente cuando el pedido es hecho por alguna otra persona. Lo que sueña realizar se torna realidad. Podrá ser el pilar de su familia o un gran apoyo en donde trabaja.

Cambios

Sus cosas materiales serán conseguidas a través de mucha lucha, hasta a veces con sufrimiento. Tendrá una reacción agradable y cordial, reconfortante con las personas más próximas. Entenderá la tristeza, pues sabe conocer los mecanismos interiores del ser humano. Gustará de la Cábala y de la filosofía. Será una persona culta.

18. KALIEL

Atributo: Dios que escucha.
Planeta: Urano.
Coro Angélico: Querubines.
Horario de regencia: de 5:40 a 6 horas.
Se le invoca para:
Encontrar un buen defensor en procesos judiciales.
Brindarnos socorro ante adversidades para que surjan las verdades en los procesos conflictivos.

Favorable
Es inteligente, irreverente, carismático y posee un fuerte magnetismo personal. Tiene extraordinaria intuición, sobre todo cuando se refiere a descubrir la verdad. Les basta mirar para identificar la verdadera intención. No les gustan lo que es vago, abstracto, queriendo siempre entender todo en sus detalles. Tiene una gran sagacidad, enorme paciencia, perseverancia. Analiza cualquier situación de forma

fría y objetiva. Es incorruptible y ama la justicia, la verdad y la integridad, analizando con amor cada pequeña manifestación de la vida cotidiana.

Cambios
Su lógica será inatacable, y es un verdadero mago que consigue realizar milagros por su intensa fe.

19. LEUVIAH

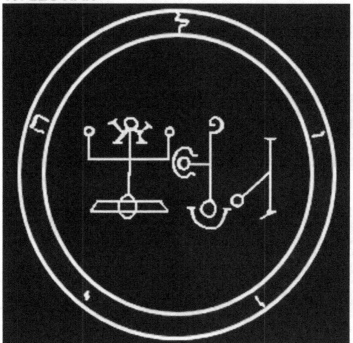

Atributo: Dios auxilio de los pecadores.
Planeta: Urano.
Coro Angélico: Querubines.
Horario de regencia: de 6 a 6:20 horas.
Se le invoca para:
Brindarnos inspiración poética y artística.
Otorgarnos la gracia divina a la fecundidad.
Aumentar nuestra memoria y nuestra inteligencia.

Favorable

Es amable, jovial, modesto en sus palabras y en su manera de ser. Soportará todas las adversidades con paciencia y resignación porque sabe que esto es una forma de evolución material y espiritual. Extremadamente curioso, está dispuesto a aprender de cualquier experiencia realizada.

Cambios

Tendrá refinamiento cultural, amará la música, la poesía y las artes en general. Tendrá protección angélica contra los adversarios o aquellos que quieran perjudicarlo, y esta protección es una gran muralla de luz etérica invisible a los ojos de las personas comunes. Tendrá completo dominio sobre los acontecimientos de su vida y alcanzará la gracia de Dios, permaneciendo firme y decidido en la lucha por sus ideales.

20. PAHALIAH

Atributo: Dios redentor.
Planeta: Urano.
Coro Angélico: Querubines.
Horario de regencia: de 6:20 a 6:40 horas.
Se le invoca para:
Otorgarnos revelaciones de la verdad y sabiduría.
Ayudarnos a encontrar la vocación correcta.

Favorable

Aspecto evolucionado: Desarrolla desde joven una fuerte personalidad y es un auténtico justiciero luchando por los grandes ideales. Es un gran optimista, maestro en el arte de discernir y le gusta vivir en paz con todos. En esta vida experimenta cosas que ya tuvo en otra, principalmente las ligadas a la familia y a los hijos. No sabe vivir solo, necesita para ser feliz un compañero fiel. Aparenta generalmente menos edad de la que tiene y tiene apariencia también de tener mucho dinero, a pesar de que muchas veces no tiene casi nada. Su ángel lo influencia de un modo enérgico, incitándole a que se acomode a alguna situación.

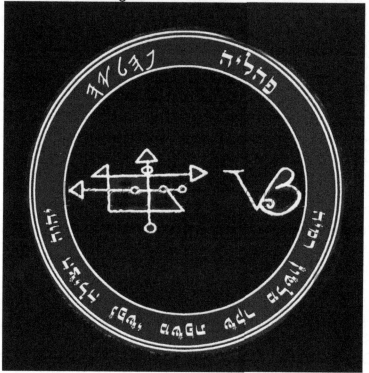

Cambios
El trabajo en comunión con los ángeles lo ayudará materialmente.
Estudiará la Cábala y comprenderá que el mundo invisible puede hacer armónico al mundo visible. Será un intelectual estudioso de varios temas en todas las áreas.

21. NELKHAEL

Atributo: Dios único.
Planeta: Urano.
Coro Angélico: Querubines.
Horario de regencia: de 6:40 a 7 horas.
Se le invoca para:
Destruir el poder del enemigo.
Protegernos contra calumnias, y también de aquellas personas que intentan sacar provecho para sí de los inocentes.
Ayudarnos a comprender la astronomía, astrología, geología, matemáticas y ciencias exactas.

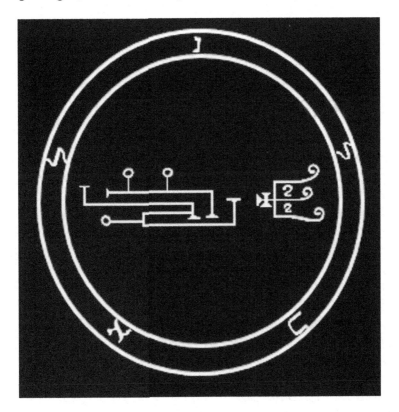

Favorable
Demuestra mucha severidad, moderación en las palabras, equilibrio entre lo espiritual y lo material. Tiene una fuerte capacidad de liderazgo, autocontrol y paciencia. Busca su estabilidad financiera persiguiendo su ideal a cualquier costo, no aceptando pérdidas. Dotado de inteligencia e imaginación, tiene madurez y dominio sobre su yo. Busca siempre la armonización de todos en la familia, aunque muchas veces se sienta incomprendido por los miembros de ésta. Tiene tendencia a ser un solitario, siempre en busca de su pareja ideal. Ama lo bello y detesta lo feo y vulgar.

Cambios
Será muy querido y respetado en su ambiente de trabajo, refinado, amante de la poesía y de la pintura. Le gusta regalar flores. Podrá busca científicamente el conocimiento trascendental a través de la lectura de textos antiguos. Su misión será unir la ciencia y el arte con la religión. Le gustará desenvolver su capacidad como médium a través de las ciencias esotéricas, pero siempre de una forma analítica. Tiene una personalidad del tipo que dicen: "ver para creer".

22. IEIAIEL

Atributo: Justicia divina.
Planeta: Urano.
Coro Angélico: Querubines.
Horario de regencia: de 7 a 7:20 horas.
Se le invoca para:
La protección de nuestra fama y fortuna.
Proteger los comercios.
Ayudarnos en los estudios que cursamos.

Descubrir la vocación y nuevos caminos.

Favorable

El que nace bajo su regencia tiene un espíritu marcado por el principio del cambio, porque sabe que nada es permanente y por esto no puede desperdiciar ningún momento en la vida. Es original y exótico en el pensar y el actuar. Muchas veces es considerado como un loco o un supersticioso. Tiene ideas filantrópicas, es generoso y detesta el sufrimiento humano. Estará siempre trabajando por el bien común. Tendrá necesidad de viajar y conocer otros países misteriosos. Es un excelente médium.

Será buscado por personas que, creyendo en sus fuerzas, buscarán contención en sus predicciones o presentimientos.

Cambios
Será compasivo, diplomático, con gran habilidad para captar el pensamiento de las personas con las cuales convive. Estará siempre distribuyendo alegría.

23. MELAHEL

Atributo: Dios que libera del mal.
Planeta: Urano.
Coro Angélico: Querubines.
Horario de regencia: de 7: 20 a 7: 40 horas.
Se le invoca para:
Realizar nuestros deseos.
Protección en actividades políticas y públicas.
Recibir abundancia por nuestro trabajo.
Protección contra armas y asaltos.
Potenciar el efecto de plantas medicinales.

Favorable
Es absolutamente correcto, gusta de ver todo colocado en orden. Nunca deja de lado lo que es su deber. Tiene dominio sobre la comunicación. Expresa con claridad sus sentimientos, aunque a veces pueda ser tímido e introvertido en un primer contacto. Tiene fuertes premoniciones. La filosofía espiritual lo atrae, pudiendo ser un iluminado. Será

audaz, capaz de emprender expediciones peligrosas y trabajos exóticos. Será ecologista activo, experto en plantas curativas.

Cambios
Tendrá una extraordinaria intuición para conocer los problemas de las personas y sus secretos más íntimos, ayudándoles a resolverlos con los secretos de las plantas. Él cree que Dios está verdaderamente presente en la naturaleza.

24. HAHEUIAH

Atributo: Dios bondadoso por sí mismo.
Planeta: Urano.
Coro Angélico: Querubines.
Horario de regencia: de 7:40 a 8 horas.
Se le invoca para:

Conseguir la gracia de Dios.

Proteger a prisioneros, fugitivos, que sufren penas injustas.

Protegernos de los ladrones y asesinos.

Protegernos contra accidentes de auto y todo tipo de violencia.

Favorable

Tiene una ligazón Kármica con el país en que vive. Dotado de gran poder espiritual, madurez y discernimiento. Es un gran amigo y compañero con quien todos desean convivir. Posee inteligencia analítica y busca respuestas dentro de los conceptos religiosos para todo lo que pasa en el mundo. Dignidad y respeto son componentes que marcan su fuerte personalidad. Es óptimo administrador, dotado de una "suerte" natural para los negocios.

Cambios

Podrá estar envuelto en la recuperación de personas que tuvieron problemas con la justicia, ofreciendo trabajo, apoyo financiero y moral. Tendrá gran preocupación por la seguridad, tanto filial como de la comunidad. Podrá tener acceso a los medios de comunicación, radio, televisión y crear polémica en debates.

25. NIT-HAIAH

Atributo: Dios que da sabiduría.
Planeta: Marte.
Coro Angélico: Potestades.
Horario de regencia: de 8 a 8:20 horas.
Se le invoca para:
Obtener sabiduría y revelaciones de misterios ocultos.

Influenciar en la magia blanca para traer nuevas revelaciones.

Obtener paz a través del conocimiento de la verdad.

Favorable

Posee serenidad, moderación, equilibrio, autocontrol, armonía y paciencia. Así consigue más fácilmente que otros estabilizarse emocional, profesional y materialmente. Es benevolente hasta con los enemigos, vive de manera plena, teniendo alegría y placer de vivir. Su vida no tiene trabas o límites. Generalmente autodidacta, está bien informado sobre cualquier asunto. Podrá poseer un gran poder paranormal e inspiración para dominar las ciencias esotéricas. Tendrá curiosidad sobre la ciencia del mal para poder contrarrestarla a través del bien. Sabrá conjurar oraciones para problemas elementales y atraer revelaciones que a través de su carisma, influenciarán el comportamiento de las personas.

Cambios
Amará la paz, la soledad, la contemplación y los misterios de la naturaleza. Desde niño entenderá el significado de las cosas, no como analista pero sí como observador. Tendrá fuerte protección de los maestros superiores.

26. HAAIAH

Atributo: Dios oculto.
Planeta: Marte.
Coro Angélico: Potestades.
Horario de regencia: de 8:20 a 8:40 horas.
Se le invoca para:
Ayudarnos a ganar procesos judiciales.
Descubrir conspiraciones.
Ayudarnos a buscar la verdad para llevarnos a contemplar las cosas divinas.

Favorable
Justo y benevolente, gusta de los afectos sólidos y las soluciones lógicas, estando dotado de compasión y equilibrio. Sabe que las leyes terrenas pueden y deben ser cambiadas. Respecta las leyes del universo y considera la palabra destino como sinónimo de cambio y renovación. Trabaja incansablemente en búsqueda de conocimiento para edificar sus ideales. Gusta de viajar y se adapta fácilmente al clima, a las personas y al idioma.

Cambios

Tendrá acceso a las altas esferas sociales y gubernamentales y será un mensajero de la paz, colaborador consciente de la providencia divina. Con una misión trascendental será un restaurador del orden divino, un jefe secreto de la alta magia blanca, aun sin tener conciencia de esto, pues su espíritu está ascendido, lo que no significa que su conciencia y cuerpo lo estén.

27. IERATHEL

Atributo: Dios que castiga a los malos.
Planeta: Marte.
Coro Angélico: Potestades.
Horario de regencia: de 8:40 a 9 horas.

Se le invoca para:
Pedir protección contra ataques injustos.
Darnos conocimiento de verdades divinas.
Tener éxito en los negocios.
Cortar la magia negra cuando es injusta.

Favorable
Es inteligente, equilibrado y maduro. Consigue equilibrar sus instintos individuales, sin necesariamente seguir los consejos y demostraciones de cariño de todos. Tiene fuerte iniciativa y perseverancia. Su vida es clara y plena de alegría. Tiene una apariencia noble y refinada. Tendrá protección contra cualquier tipo de fuerza negativa y su poder de acción será invencible. Hará todo de forma lúcida y ponderada y es por eso que sus iniciativas llegan al éxito.

Cambios
Tendrá una enorme capacidad para conocer el futuro a través de oráculos, sueños o proyecciones, revalidando constantemente sus actitudes. Será defensor de las ciencias y de las artes y podrá movilizar a un gran número de personas por un ideal.

28. SEHEIAH

Atributo: Dios que cura las enfermedades.
Planeta: Marte.
Coro Angélico: Potestades.
Horario de regencia: de 9 a 9:20 horas.
Se le invoca para:
Protegernos contra incendios, accidentes y dolencias.
Protegernos de la maldad y de la ruina en los negocios.

Favorable
Tendrá un buen sentido común y se manifestará en la vida con prudencia y sabiduría. Resistirá a todo con dignidad y todo en su vida funcionará de modo perfecto. Auténtico y verdadero, consigue siempre salir bien de las situaciones más caóticas gracias a las ideas luminosas que surgen repentinamente. Su fuerza espiritual está íntimamente ligada a los ángeles, e inclusive sin saberlo, ayuda a mejorar el sufrimiento humano.
Tendrá siempre una palabra de optimismo para ayudar a las personas, especialmente a las familias en cualquier situación de inseguridad, porque

siempre consciente o inconscientemente está en sintonía con las fuentes divinas.

Cambios
Tiene presentimientos en lo relativo a viajes y será siempre conveniente oírlo.

29. REIIEL

Atributo: Dios que socorre.
Planeta: Marte.
Coro Angélico: Potestades.
Horario de regencia: de 9:20 a 9:40 horas.
Se le invoca para:
Librarnos de los enemigos internos.
Darnos inspiración en oraciones y discursos.
Tener claridad de expresión ante los adversarios.

Realzar los sentimientos religiosos y la meditación.

Favorable

Se distinguirá por sus cualidades y por su celo en propagar la verdad y destruir los escritos falsos y calumniadores. Su conducta será ejemplar, amará la verdad, la paz, la justicia, la tradición, la libertad y el silencio. Seguirá las reglas divinas de acuerdo a su nivel de conciencia. Dirigirá asociaciones de caridad o místicas con su lema: la no corrupción.

Su existencia en la tierra es de un nivel muy elevado y esto puede ser notado cuando sin saber el porqué retoma al camino correcto del cual nunca se debería haber apartado. La recompensa, por supuesto, será una excelente renovación de vida y liberación de lazos Kármicos. Su vida es una exaltación iluminada a través de su espíritu.

Cambios

Deberá tener cuidado en no crearse sentimientos de culpa en relación a problemas familiares, porque todos están pasando por una evolución que no tiene que ver con la pérdida sino con la renovación. Su casa estará siempre limpia, ordenada, decorada con flores y aromatizadas con inciensos.

30. OMAEL

Atributo: Dios paciente.
Planeta: Marte.
Coro Angélico: Potestades.
Horario de regencia: de 9: 40 a 10 horas.
Se le invoca para:

Tener paciencia cuando estamos muy ansiosos.
Tener buena relación entre padres e hijos.
Que guíe a nuestro médico o cirujano.
Protección del reino animal.

Favorable
Es extremadamente justo y vive en armonía con su universo. Tiene una especie de súper protección de su ángel, y gracias a esto tendrá una confianza absoluta en sí mismo y luchará siempre por grandes ideales. Amará a los animales, a la naturaleza y a los hombres con gran sinceridad. Tendrá conocimiento general de todas las áreas y estará siempre evaluando las situaciones en busca de una visión más objetiva.

Cambios
Gracias a su ángel tendrá victoria y éxito alcanzando la realización en todos los sentidos, pero debe ejercer su libre albedrío al elegir su línea de destino.

OTRAS CARTAS

LECABEL

Atributo: Dios inspirador.
Planeta: Marte.
Coro Angélico: Potestades.
Horario de regencia: de 10 a 10:20 horas.
Se le invoca para:
Resolver temas en la profesión.
Resolver problemas muy difíciles.
Tener revelaciones.

Favorable
Está dotado de mucho coraje para enfrentar los obstáculos más difíciles, pero deberá tener mucha cautela con el poder porque el abuso de este puede ser terriblemente perjudicial. Tendrá protección natural y su fortuna se basará en sus talentos. Su Yo superior programa en su Yo inferior un don magnífico para estudiar y aplicar sus conocimientos sobre las fuerzas naturales para el bien de la comunidad. Apreciará los libros antiguos de historia y arqueología.

Cambios
Tendrá gran curiosidad por descubrir lo acontecido en otras encarnaciones, para responder sus dudas, entender su alma y su existencia. Su lema es cuerpo sano en mente sana y para conseguir este equilibrio podrá hacer dietas y practicar reportes. Amará a la naturaleza y a los animales y cuidará con celo su preservación. Su casa podrá ser como un verdadero zoo. Sus principales características serán:

estabilidad y gran riqueza interior, amando siempre la verdad y el orden.

VASARIAH

Atributo: Dios justo.
Planeta: Marte.
Coro Angélico: Potestades.
Horario de regencia: de 10:20 a 10:40 horas.
Se le invoca para:
Obtener justicia.
Tener buena memoria y facilidad de expresión.
Protegernos contra quien nos ataca judicialmente.

Favorable
Será amable, espiritualizado y modesto. Tendrá excelente memoria, hablará cualquier idioma con facilidad. Será un gran estudioso y su vida será rica en experimentar de todo un poco. Desea que todos, independientemente de raza, credo o cultura, sean merecedores de las mismas oportunidades en la vida. Su lema es "respetar para ser respetado". Tiene el don de la palabra y facilidad para hablar en público, siendo invencible cuando habla con superiores, sobre todo en defensa de los menos favorecidos.
Cambios
Deberá vencer obstáculos en su vida manteniéndose equilibrado internamente. Su apariencia muchas veces austera apenas muestra la gran responsabilidad que tendrá para con sus semejantes. Será un guerrero activo, tomando actitudes rápidas y nunca abandonando sus decisiones.

IEHUIAH

Atributo: Dios conocedor de todas las cosas.
Planeta: Júpiter.
Coro Angélico: Dominaciones.
Horario de regencia: de 10:40 a 11 horas.
Se le invoca para:
Reconocer a las personas traidoras y descubrir sus planes.
Traernos revelaciones sobre nuestros defectos y actitudes erradas.
Poner en evidencia situaciones ocultas.

Favorable
Será considerado un arquetipo de las obras de Dios. Estará integrado en el mundo angélico y su lucha será siempre para defender el bien. Comprensivo, simpático y amoroso, estará siempre bien relacionado y tendrá el reconocimiento de todos. Sabrá controlar su mundo interior adaptándose a la realidad y no permitiendo que las ilusiones lo sobrepasen.

Cambios
Luchará por desarrollar sus tendencias espirituales que son del mayor grado de elevación. Será benéfico para sus semejantes, iluminándolos con sus buenas acciones. Luchará porque las personas no sean ignorantes, contribuyendo con aulas o recursos financieros para esta buena causa. Será un buen amigo y deberá ser muy cauteloso al elegir pareja porque necesita un hogar tranquilo para poder tener una personalidad equilibrada.

LEHAHIAH

Atributo: Dios clemente.
Planeta: Júpiter.
Coro Angélico: Dominaciones.
Horario de regencia: de 11 a 11:20 horas.
Se le invoca para:
Calmar nuestra ira.
Comprender las leyes divinas y la estructura del universo.

Favorable
El que nace bajo su regencia será célebre por sus talentos y acciones. Un pacificador inspirado. Tendrá la simpatía de todos y le encantará resolver los problemas siempre aconsejando y apoyando. Su aura de confianza atraerá personas influyentes que lo invitarán a trabajar. Será un buen trabajador rindiendo más en puestos de liderazgo. Sus actitudes serán firmes con altos principios morales, bondad y hospitalidad, pero puede sufrir percepciones cuando las personas no corresponden a sus expectativas. Deberá siempre profundizar en todos los asuntos que le interesan y si no tendrá que acomodarse a tener siempre un conocimiento superficial sobre todo. Profundamente emocional, transfiere a los hijos el amor recibido de sus padres.

Cambios
Podrá ser un mecenas de las artes, principalmente de la música, pues a pesar de su talento difícilmente será practicante. Tendrá dones paranormales latentes que podrán llegar a ser liberadores. La limpieza perfecta será una de sus grandes preocupaciones, porque sabe que en lugares sucios y objetos rotos, se hallan las miasmas.

JAVAKIAH

Atributo: Dios que da alegría.
Planeta: Júpiter.
Coro Angélico: Dominaciones.
Horario de regencia: de 11:20 a 11:40 horas.
Se le invoca para:
Reconciliaciones entre familiares.
Obtener el perdón por ofensas.
La partición de herencias en forma justa.
Tener buena relación entre padres e hijos.

Favorable
Será un gran colaborador para el bienestar social, muchas veces a costa del sacrificio de intereses personales. Amará vivir en paz con todos y ver a todas las personas reconciliadas. Su moral estará siempre sobre un rígido control, pudiendo suprimir sus propios sentimientos. Con mente práctica será admirado por la manera de resolver cualquier problema. Siempre atento a los detalles, hablará de forma discreta y agradable, jamás utilizando la fuerza para hacerse entender. Su bienestar emocional dependerá de la aprobación de los demás en la convivencia social.

Cambios
Tendrá riqueza y ayudará a promover asuntos referentes a la medicina y espiritualidad. Su trabajo diario será arduo y lleno de novedades, debiendo tener cuidado de no ser exigente y austero consigo mismo. Tendrá inmensa aversión por actitudes extravagantes o escándalos sociales; probablemente será físicamente atractivo /a y no se preocupará en encontrar su alma gemela.

MENADEL

Atributo: Dios digno de admiración.
Planeta: Júpiter.
Coro Angélico: Dominaciones.
Horario de regencia: 11:40 a 12 horas.
Se le invoca para:
Mantenerse en los empleos.
Conservar lo que se tiene.
Encontrar objetos perdidos.
Protegernos contra calumnias y maldiciones.
Para tener noticias sobre personas distantes.

Favorable
Tendrá mucha fuerza de voluntad. Será sagaz con confianza sobre sí mismo y directo en la manera de hablar. Excelente amigo y compañero, es un amante apasionado pero se ofende con cierta facilidad y critica inmediatamente algo que no le gusta. Actúa con discreción y astucia, asume responsabilidades con dedicación y seriedad. Perfeccionista dedicado al trabajo, espera la misma postura de las personas con quien trabaja. Los negocios personales alcanzarán siempre los objetivos propuestos. Con su personalidad y carisma será bien recibido en su medio de trabajo. Optimista, independiente, activo y avanzado, considera la honestidad y la verdad como aspectos de mucha importancia en la vida.

Cambios
Está en desacuerdo con algunos puntos de su religión, sobre todo por su falta de practicidad. Será llamado profeta por su visión profunda de las cosas, principalmente en el aspecto social. A pesar de saber que cuenta con la fuerza de su ángel,

equivocadamente sólo pedirá auxilio cuando se le agoten otros recursos.

ANIEL

Atributo: Dios virtuoso.
Planeta: Júpiter.
Coro Angélico: Dominaciones.
Horario de regencia: de 12 a 12:20 horas.
Se le invoca para:
Impulsarnos a resolver situaciones difíciles.
Promover la armonía entre personas diferentes.
Revelarnos secretos sobre la naturaleza.
Tener inspiración en conferencias y meditaciones.
Ayudarnos a que nos expresemos más fácilmente.

Favorable
Será una celebridad que se distinguirá por sus talentos y por sus mensajes de entusiasmo y buen astral. A veces se tornará satírico con ideas locas y revolucionarias, pero lo que puede exponer al público será significativo. Sólo aceptará una oferta de trabajo o una mayor condición social, si no fueran contrarias a sus inspiraciones espirituales. Su firme autocontrol le impedirá ceder a tentaciones acomodaticias.

Cambios
Sus mentalizaciones para un mundo mejor a través de oraciones o meditaciones, favorecen en especial a todos los que tienen un ángel de regencia de esta categoría. Tendrá un pequeño círculo de amigos constantes y fieles, y la posibilidad de casarse joven escogiendo muchas veces personas más viejas. Luchará por el bienestar de sus hijos, quedando triste si ellos no aprovechan las oportunidades

ofrecidas. Gozará de muchos privilegios, obteniendo buenos resultados en concursos, disputas públicas o concursos literarios.

HAAMIAH

Atributo: Dios esperanza de todos.
Planeta: Júpiter.
Coro Angélico: Dominaciones.
Horario de regencia: de 12:20 a 12:40 horas.
Se le invoca para:
Protegernos contra las armas de fuego.
Descubrir la verdad y proteger las obras espirituales.

Favorable
El que nace bajo su regencia servirá a Dios a través de su gran inteligencia y conciencia adquirida a través de estudios, principalmente como autodidacta. Su sabiduría será utilizada por Dios para la unificación de las religiones, formando una religión universalista. Resolverá problemas de todas las personas utilizando su prodigiosa intuición. Defenderá intensamente las libertades individuales y luchará por ese concepto. Tendrá gran facilidad en aceptar muchas cosas que para otros resultan sorprendentes o incomprensibles.

Cambios
Se sentirá atraído por personas excéntricas, pero detestará la posesividad. No le gusta hacer nada precipitadamente, como tampoco cambiar planes preestablecidos. Luchará con las personas que militen contra grupos mafiosos y defenderá lo divino con la más poderosa de las armas: la verdad. Su misión en la tierra es elevar al ser humano.

REHAEL

Atributo: Dios que acoge a los pecadores.
Planeta: Júpiter.
Coro Angélico: Dominaciones.
Horario de regencia: de 12:40 a 13 horas.
Se le invoca para:
Mantener la salud y la longevidad.
Protegernos contra la maldad.
Que podamos ver cuando actuamos erróneamente.
Influenciar en el amor paternal y filial y en la obediencia de los más pequeños con respecto a los mayores.

Favorable
El que nace bajo su regencia tendrá conciencia de la necesidad de la regeneración de la materia para que haya un aumento de espiritualidad. Sentirá amor altruista por todos los hombres de la tierra y los considerará como hijos de Dios. Hará curaciones excepcionales a través de manos, o inclusive mentalmente; también a través de oraciones y emanación de pensamientos positivos. Su verdad será eterna cumpliendo la misión Kármica de vencer a los malvados juntamente con su Ángel Guardián. Estará siempre estudiando medios y métodos para acabar con la maldad. Cree en milagros y éstos le ocurren a través de la misericordia divina.

Cambios
Su optimismo será contagiante y estará siempre bien con todos. Será elevado, fuerte, y ciertamente convencido de que el hombre puede superar sus obstáculos usando su inteligencia. Tendrá adoración por sus hijos y hará todo para encarrilarlos en la vida.

EIAZEL

Atributo: Dios que da alegría.
Planeta: Júpiter.
Coro Angélico: Dominaciones.
Horario de regencia: de 13 a 13:20 horas.
Se le invoca para:
Liberarnos de nuestra prisión interna.
Tener consuelo ante las adversidades.
Liberarnos de enemigos y vicios.
Liberarnos de la depresión y el pánico.

Favorable
Amará la lectura, las ciencias y todo conocimiento de modo general. Tendrá ideas brillantes y sentimientos sublimes. Gracias a su inteligencia podrá ocupar una posición destacada en la sociedad, porque al estar dotado de una extrema auto confianza podrá asumir puestos de liderazgos. Comprenderá rápidamente los problemas de los otros pero sólo les dirá lo necesario, sabiendo inclusive que algunos no merecen su ayuda. Es descuidado en relación al dinero, pero nunca le falta y piensa que por amor todo vale la pena. Sólo se casará por amor, esperando que su afecto sea retribuido. Tendrá una mente imaginativa, memoria fotográfica, a pesar de no aceptar demasiado su propia percepción.

Cambios
Sus conclusiones serán más intuitivas que elaboradas por una lógica. Podrá hacer muchos viajes, acudiendo a muchas ciudades diferentes mostrando en cada lugar su presencia, la riqueza de su personalidad y la nobleza de su carácter.

HAHAHEL

Atributo: Dios en 3 personas (Dios manifestado)
Planeta: Sol.
Coro Angélico: Principados.
Horario de regencia: de 13:20 a 13:40 horas.
Se le invoca para:
Tener firmeza en nuestra evolución.
Seguir la luz del amor.
Retornar a la fe de Dios.
Protegernos contra las calamidades.

Favorable
Ama la verdad y es cumplidor de sus deberes y obligaciones. Fuerte poder de concentración y sabiduría para discernir y juzgar. Enfrenta los problemas con naturalidad y en su existencia siente que Dios le reserva una gran misión, pero nunca sabe cuando ésta va a comenzar. Probablemente su misión comienza cuando encuentra la pareja ideal, pues el cumplimiento de esta misión debe estar acompañado de la persona amada. Tendrá voluntad de tener hijos para que éstos continúen con las enseñanzas de la verdad. El ángel de regencia le concede también el don de la comunicación, el carisma y la facilidad de aprendizaje de los más diversos asuntos, principalmente en el área esotérica. Probablemente comenzará a trabajar muy temprano, teniendo tendencia a los trabajos ligados a la espiritualidad. Buscará la verdad en las enseñanzas de los grandes maestros profundizando en el estudio de los libros apócrifos (los que no fueron canalizados para la Biblia), y estará siempre al servicio de Dios. Buscará siempre la armonía y enseñará a las personas a convivir en una nueva

religión, aquella que trasciende el templo y que viene del corazón.

Cambios
Tendrá muchos amigos y adeptos a sus ideas y podrá tener puntos de vista que entrarán en conflicto con otras religiones. Será especialista en dialectos religiosos y un experto en descifrar datos sagrados. Gran transformador del mundo, vivirá una vida espléndida y será feliz.

MIKAEL

Atributo: Quien como Dios.
Planeta: Sol.
Coro Angélico: Principados.
Horario de regencia: de 13:40 a 14 horas.
Se le invoca para:
Tener seguridad en viajes.
Obtener obediencia o disciplina de los subalternos.
Extraer negatividad de personas, lugares o cosas.
Poner en evidencia todo lo oscuro.

Favorable
Será conocedor de técnicas y medios para mantener grandes empresas, distinguiéndose por su gran diplomacia. Tendrá una intensa protección de su ángel de regencia. Siendo digno, elevado, inspirado e incorruptible, podrá ser confidente de ciudadanos de alto prestigio social, económico o político y colaborará fielmente con cualquier persona que tenga como objetivo mejorar la sociedad.

Cambios

Será querido por las personas más humildes y atacará a las personas malvadas y aprovechadoras. Su mensaje es siempre de optimismo y fe, irradiando energía, confianza, inspiración y creatividad.

VEULIAH

Atributo: Dios rey dominante.
Planeta: Sol.
Coro Angélico: Principados.
Horario de regencia: de 14 a 14:20 horas.
Se le invoca para:
Destruir nuestros enemigos interiores, como por ejemplo los miedos.
Liberar de la esclavitud y de los vicios.
Tener paz y prosperidad interior.
Obtener favores de personas importantes.
Tener éxito en causas justas.
Protección y prosperidad en empresas.

Favorable
Tiende a tener un comportamiento íntegro, y por ello tendrá éxito en su trabajo, conquistando la confianza por los servicios prestados. Su influencia será importante entre personas famosas, conocidas y poderosas, obteniendo prestigio entre ellas. Utilizará ideas modernas y acciones estratégicas para consolidar su posición.

Cambios
Se manejará con prudencia evitando obstáculos, observando cuidadosamente cada camino antes de dar un paso. Tendrá muchos conocimientos adquiridos a través del trabajo. Será noble, sincero, altruista en sus relaciones y conquistará su propio

lugar por su autoconfianza, buen humor, sin desperdiciar energía en conflictos íntimos.

YELAHIAH

Atributo: Dios eterno.
Planeta: Sol.
Coro Angélico: Principados.
Horario de regencia: de 14:20 a 14:40 horas.
Se le invoca para:
Proteger a magistrados para vencer en los procesos judiciales.
Tener coraje para enfrentar adversidades.
Protegernos contra armas blancas o de fuego.

Favorable
Amará los viajes, será instruido y todos sus emprendimientos tendrán éxito. Será célebre por sus actos de talento y coraje. Luchará por mantener vivas las tradiciones y será investigador de hechos históricos y aclarará situaciones oscuras dentro de la historia. Fácilmente tendrá recuerdos de encarnaciones anteriores que le servirán para entender las partes oscuras de la historia. Es generoso en el trabajo y siempre dará oportunidad a todos, pues cree solamente que a través del trabajo se conquista un ideal. Nunca se dejará dominar por el desánimo y nada impedirá alcanzar objetivos.

Cambios
Será seguro, hábil e incapaz de arriesgar su reputación en situaciones sospechosas, dejando que todo se desenvuelva de forma espontánea. Manifestará siempre su amor de forma constructiva y defenderá los sueños que estarán relacionados con la familia, el lugar donde viven y los valores

culturales. Será respetado y admirado, y capaz de encontrar solución a todos los problemas.

SEALIAH

Atributo: Dios generador de todas las cosas.
Planeta: Sol.
Coro Angélico: Principados.
Horario de regencia: de 14:40 a 15:00 horas.
Se le invoca para:
Exaltar a los humildes, separándolos de los orgullosos, es decir cuando nos sentimos oprimidos por otro.
Tener buena salud y curarse de alguna enfermedad.
Ayudarnos en el aprendizaje de artes y ciencias para el bienestar de los hombres, plantas y animales.

Favorable
Estará muy ligado a todo lo que tiene que ver con la decoración y el buen gusto. Podrá tener un jardín con vegetación abundante, amará las plantas y los animales. Tendrá siempre dinero y la palabra crisis no existirá en su vocabulario. Dotado de cultura prodigiosa, compartirá sus conocimientos y experiencias con aquellos que tengan inquietudes similares.

Cambios
Estudiará las sagradas escrituras, descubriendo sus verdades, y podrá tener revelaciones trabajando con oráculos o en sueños premonitorios. Su papel en la tierra será enseñar a la sociedad que Dios existe en toda la creación. Este ángel es el representante del reino angélico en la tierra.

ARIEL:

Atributo: Dios es mi luz.
Planeta: Sol.
Coro Angélico: Principados.
Horario de regencia: de 15 a 15:20 horas.
Se le invoca para:
Tener nuevas ideas que iluminen los nuevos caminos.
Agradecer a Dios los bienes que nos envía.
Tener revelaciones en los sueños.

Favorable
Tendrá ideas geniales, pensamientos sublimes, espíritu fuerte y sutil. Será discreto, pero con capacidad de resolver los problemas más difíciles, tomando sus decisiones en el momento correcto. Le gustará meditar y conocer formas para llegar al entendimiento de los asuntos místicos. Hará descubrimientos que beneficiarán a la purificación del espíritu a través del servicio en favor de sus semejantes. Utilizará medios tecnológicos como la informática, radiestesia, radiónica y técnicas de parapsicología para aplicarlas a su búsqueda espiritual. Ocupará un lugar destacado en la sociedad, siendo su lema de vida: conversando se entiende la gente.

Cambios
Nunca faltará el respeto a las personas y su experiencia en todos los aspectos de la vida le proporcionarán el triunfo. Su gran intelecto hará que astralmente tenga una corona de oro que representa la luz de la sabiduría. Representará el poder y la conquista de la armonía del hombre en su búsqueda divina.

ASALIAH

Atributo: Dios que muestra la verdad.
Planeta: Sol.
Coro Angélico: Principados.
Horario de regencia: de 15:20 a 15:40 horas.
Se le invoca para:
Que nos conceda protección contra escándalos e inmoralidades.
Que la verdad brille en situaciones ocultas y para que nos guíe hacia un comportamiento adecuado.
Comprender las cosas divinas representadas en la naturaleza.

Favorable
Dulce y tierno, tendrá carácter agradable y destacará por su carisma. Es justo por excelencia, incorruptible y de fe elevada. La verdad será una constante en sus actitudes. Es extremadamente dinámico viviendo su día a día, aprovechando cada segundo para la realización de cada idea que surge. Irá más allá de sus propias fuerzas, pero sin agotarse. Es elegante y firme, y tiene un gran autocontrol.

Cambios
Estará sujeto a sacrificios en pos de sus ideales. Su aura de sabiduría se verifica como señal en su frente. No le agradan las confusiones, principalmente las de orden sentimental. Es orgulloso sin ser snob y acepta sinceramente las doctrinas de otras personas. Estará siempre cambiando la forma sin alterar la esencia divina.

MIHAEL

Atributo: Dios padre que socorre.
Planeta: Sol.

Coro Angélico: Principados.
Horario de regencia: de 15:40 a 16:00 horas.
Se le invoca para:
Tener paz y armonía en la pareja.
Tener amistad y fidelidad conyugal.
Invocar el socorro de Dios.
Abrir la percepción.

Favorable
Cariñoso, pacífico, amará profundamente a todos y cuidará la preservación del bien de la comunidad. Será un gran organizador de acuerdos sociales y políticos, promoviendo reconciliaciones e intermediario en negociaciones. Intelectualmente defenderá los derechos de la mujer en la sociedad y colaborará con ideas comunitarias de salud, sobre todo el bienestar de los niños. Estudiará las relaciones matrimoniales a través de la filosofía, religión, sociología o psicología.

Cambios
Consolidará con palabras de confianza y optimismo las relaciones de amigos y parientes. Su familia será buena colaboradora de proyectos y podrá tener muchos hijos. Paternalmente es exigente en cuestiones de estudio, pero a su vez es accesible, franco, fuerte y su misión terrena es el humanitarismo.

VEHUEL

Atributo: Dios grandioso.
Planeta: Mercurio.
Coro Angélico: Arcángeles.
Horario de regencia: de 16:00 a 16:20 horas.
Se le invoca para:

Tener consuelo en las contrariedades.
Tener protección divina en la búsqueda de valores morales.
Impulsarnos al desarrollo espiritual.
Traer compresión mental.

Favorable
Se distinguirán por sus talentos y virtudes; su gran generosidad podrá ser vista a través de su aura. Será estimado por todas las personas de bien que posean las mismas cualidades y virtudes. Fiel ejecutor de causas nobles, incentiva a las personas a través de su ejemplo a seguir buena conducta. Tendrá gran facilidad para perdonar los errores de otros y juzgará siempre de un modo prudente. Con sentido del humor podrá criticar sin arrogancia. Será innovador, imparcial, dinámico e inteligente a pesar de ser individualista. Debido a su gran capacidad mental, tendrá facilidad para expresarse con cualquier clase de persona. Será más estable después el casamiento. Su familia estará unida y armoniosa. Físicamente será esbelto y elegante. Intelectualmente abierto y refinado, pero lo considerarán una persona difícil de tratar.

Cambios
Tendrá reconocimiento social que encarará como prueba de que la vida sólo es dura para quien no sabe aprovechar las oportunidades que le son ofrecidas. No le gustan las personas que faltan a sus compromisos.

DANIEL

Atributo: Dios el justo.
Planeta: Mercurio.

Coro Angélico: Arcángeles.
Horario de regencia: de 16:20 a 16:40 horas.
Se le invoca para:
Obtener misericordia divina.
Darnos remedio a todos los males.
Hacer renacer en nosotros nuevas esperanzas y alegría de vivir.
Ver el camino cuando estamos indecisos.

Favorable
Serán trabajadores y ejecutarán sus actividades con mucho amor y percibirán que su intuición puede llegar a la genialidad. Tendrá protección contra las enfermedades. Es determinado y no gusta de nada que no sea claro y bien aplicado. Paciente en extremo, será capaz de soportar casi todo de las personas, pero no acepta ser reprendido injustamente, pudiendo ser agresivo. No desperdicia sus esfuerzos en fantasías imposibles. Motivado y justo, será una persona pública con capacidad para tratar cualquier asunto.

Cambios
Descubrirá el porqué de muchos problemas sociales y convencerá a la sociedad de sus propuestas. En la infancia puede haber tenido problemas para demostrar afectividad, por eso será común verlo muy apegado a sus hijos. Algunos actos de su adolescencia podrán marcar su vida.

HAHASIAH

Atributo: Dios oculto.
Planeta: Mercurio.
Coro Angélico: Arcángeles.
Horario de regencia: de 16:40 a 17:00 horas.

Se le invoca para:
Auxiliarnos en la revelación de misterios ocultos.
Curar enfermedades mentales.
Elevar nuestra conciencia a Dios.

Favorable
Amarán todas las ciencias y tendrán interés en conocer las propiedades y atributos de animales, vegetales y minerales. Será puro y creativo, conduciendo su vida con armonía. Tratará de entender el orden divino en las estructuras humanas y podrá ser un mago o gran sacerdote de las ciencias esotéricas. Obtendrá prestigio y autoridad para dictar cursos y conferencias.

Cambios
Trabajará para encontrar la paz entre las personas y sabe que cuando tiene una dificultad, esta es un medio para acceder a la perfección. Tiene gustos simples. Es amante de la naturaleza y estará siempre atento a pequeños detalles como el romanticismo, la pintura, la música, los perfumes. Tiene un don poético natural y tendrá muchas revelaciones a través de trabajos esotéricos.

IMAMIAH

Atributo: Dios por encima de todo.
Planeta: Mercurio.
Coro Angélico: Arcángeles.
Horario de regencia: de 17:00 a 17:20 horas.
Se le invoca para:
Abandonar vicios y malas compañías.
Tener protección en los viajes.
Liberarnos de nuestras propias obsesiones.

Influenciar las ganancias monetarias provenientes del trabajo honesto.

Favorable
Tendrán un temperamento vigoroso y fuerte soportando cualquier adversidad con benevolencia, paciencia y coraje. No tiene miedo al trabajo y posee gran habilidad manual, por lo que de ser mujer podrá ser una excelente decoradora, consiguiendo captar con su intuición los puntos fuertes del lugar, utilizando a través del conocimiento símbolos mágicos y diferentes energías para proteger el lugar de influencias negativas. Respeta a las personas con moral, inteligencia y sentimientos, pues sabe que estos valores ennoblecen el alma y constituyen una buena existencia en la tierra.

Cambios
Estará siempre integrado en asuntos sociales o políticos, ya que inspira mucha confianza en las personas. Tendrá facilidades financieras para proyectarse, incluso internacionalmente. Aprenderá de sus errores y no se deja llevar por instintos. Es optimista, expresivo y prudente.

NANAEL

Atributo: Dios que hace caer a los orgullosos.
Planeta: Mercurio.
Coro Angélico: Arcángeles.
Horario de regencia: de 17:20 a 17:40 horas.
Se le invoca para:
Tener inspiración y apoyo material para grandes realizaciones.
Nuestro rejuvenecimiento físico e intelectual a través de aliviar patrones negativos.

Favorable

Se distinguirá por conocer las ciencias exactas y amará la vida tranquila, la paz, la meditación. Su luz es trascendente, dejando ver su inocencia y verdad. Podrá tener vocación religiosa o metafísica. Digno de confianza, nunca acomete una acción imprudente o interesada. Tiene relaciones sólidas y es el amigo que todos quisieran tener. Dotado de gran afectividad, vive en función del amor y todo lo bello le conmueve. Por ser tradicionalista da mucha importancia al casamiento y los hijos. Sabe controlar sus instintos sin reprimirlos.

Cambios

Su inteligencia se desenvuelve más por experiencias que por estudios. Podrá tener problemas de salud en la infancia o adolescencia, pero a pesar de su fragilidad física posee un espíritu extremadamente ágil y guerrero y sabe disfrutar de las buenas cosas de la vida.

NITHAEL

Atributo: Dios de los cielos.
Planeta: Mercurio.
Coro Angélico: Arcángeles.
Horario de regencia: de 17:40 a 18 horas.
Se le invoca para:
Ayudarnos a conseguir de Dios una vida larga.
Protegernos contra peligros y accidentes.
Tener estabilidad en el empleo y la conservación de los medios de subsistencia correctos.

Favorable

Será celebre por todo lo que escriba y por su elocuencia. Tendrá gran reputación, se distinguirán por sus méritos y virtudes, obteniendo confianza para ocupar cargos importantes, tanto en el gobierno como en empresas. Estará destinado para asumir puestos de mando debido a su amplia visión para entender las cosas y prevenir todo mal. Será la propia personificación del bien, del orden, de la justicia y la corrección. Con fuerte personalidad dispondrá de un canal para los ángeles en la tierra. Dominará el campo espiritual y el metafísico.

Cambios

Estará dotado de facultades que le permitirán transformar en realidad cualquier cosa. Defenderá con entusiasmo el bien contra el mal y será discreto haciendo juicios y ofreciendo orientación espiritual. Será diferente desde pequeño destacándose por su belleza, gracia en el andar, vestir y hablar. Su alma es resplandeciente y su regencia es de belleza y sociedad.

MEBAHIAH

Atributo: Dios eterno.
Planeta: Mercurio.
Coro Angélico: Arcángeles.
Horario de regencia: de 18 a 18:20 horas.
Se le invoca para:
Tener fecundidad.
Proteger nuestra moral y religión.
Tener ayuda en cualquier entendimiento que uno esté.

Favorable

Se distinguen por sus buenas acciones, por su piedad y su celo en el amor a Dios y a todos los hombres. Sabrá el camino que deberá seguir, entenderá los misterios divinos y no medirá esfuerzos para implantar en los hombres las verdades divinas. Será propagador activo de conceptos religiosos y conservación de la moral. Siempre disponible, se sentirá bien trabajando para el bienestar de la comunidad. Su vida tendrá sentido cuando encuentre compañeros que sigan su viaje. Siente necesidad de que su existencia tenga continuidad a través de sus hijos. Comprenderá los acontecimientos, principalmente los inesperados, resolviéndolos siempre con ideas creativas. No tendrá apego a las cosas materiales, pues las considera como la consecuencia lógica de la persistencia en el trabajo.

Cambios
Le gustará cuidar su cuerpo especialmente con respecto a los músculos. Su ángel se manifiesta espontáneamente cuando defiende a alguien que fue agredido injustamente o por curaciones a través de la imposición de manos. Tendrá un alma mística y enigmática que siempre lo verán como un ser elevado, aunque sea incomprendido.

POIEL

Atributo: Dios sostén del universo.
Planeta: Mercurio.
Coro Angélico: Arcángeles.
Horario de regencia: de 18:20 a 18:40 horas.
Se le invoca para:
Tener fama cuando difundimos grandes filosofías.
Tener fortuna en general.
Ayudarnos a vencer demandas.

Favorable

Serán estimados por todos debido a su modestia y humor agradable. Su fortuna será obtenida gracias a su talento y buena conducta. Considera que es lógico obtener casi todo lo que desea y estará siempre empeñado en aprender y conocer todas las cosas del mundo. A pesar de su experiencia modesta y frágil luchará por colocarse en una posición socio-económica favorable y así obtener reconocimiento por sus talentos, pudiendo ser reconocido en todo el mundo. Está abierto a todo lo que sea símbolo de vitalidad generosidad.

Cambios

Sabrá balancear la razón con la pasión, cree en la salvación de las personas por el amor y estará listo a ayudar a todos. Trabajará siempre de acuerdo con una filosofía espiritualista y angélica. Optimista, sabrá enfatizar las cualidades positivas de las personas y de las situaciones. Con su encanto iluminará la vida de todos los que se le acerquen.

NEMAMIAH

Atributo: Dios loable.
Planeta: Venus.
Coro Angélico: Virtudes.
Horario de regencia: de 18:40 a 19:00 horas.
Se le invoca para:
Concedernos prosperidad en todos los sectores.
Abrir canales para tener sueños proféticos.
Tener lucidez en los actos de la vida.
Liberar a personas viciadas, para encaminarlas a una vida saludable.
Proteger y guiar a todos los que trabajan en causas justas.

Favorable

Tendrá como objetivo ser colocado en una posición de liderazgo y se distinguirá por su bravura y gran amor por las cosas, soportando la fatiga con paciencia y coraje. Trabajará para mejorar a la sociedad y abolir los privilegios o recursos de personas que no lo merecen. Tendrá éxito en sus viajes al exterior y protección contra la traición y la venganza. Será un combatiente contra las fuerzas malignas a través de la lectura y la intelectualidad. Estará siempre haciendo proyectos para formar un mundo nuevo, luchando contra las conciencias inferiores. El trabajo con ángeles es imprescindible para que su existencia sea mejor en la tierra.

Cambios

Tendrá grandes revelaciones en sueños, defenderá las buenas causas y será llamado para hacer planes teóricos, siendo considerado un excelente economista y administrador, principalmente en tiempos de crisis. Alegre, activo y simpático será siempre el centro de atención en toda situación, pues es una persona con mucha garra, fuerza de voluntad, apasionada por todo y por todos. Ama la vida familiar y a sus hijos.

IEIALEL

Atributo: Dios que escucha los pedidos.
Planeta: Venus.
Coro Angélico: Virtudes.
Horario de regencia: de 19:00 a 19:20 horas.
Se le invoca para:
Ayudar en todo proceso de curación, especialmente los problemas de ojos.

Sanar la tristeza.
Proteger a los que trabajan con metales.

Favorable
Se distinguen por su coraje y franqueza. Tendrán la protección directa del planeta Venus y atributos positivos de los signos que lo corresponden: Tauro y Libra. Será considerado una persona lúcida que decide con claridad de expresión todas las situaciones complicadas y comprometedoras. Sincero y con temperamento amoroso, tendrá un gran gusto por las flores y las pinturas. Es optimista y ama la verdad y la defiende para que todo se realice en perfecto orden. Dotado de gran afectividad, fuerte sentido estético, solidez y valoración de los bienes materiales. Acepta bien su sensualidad actuando con serenidad y tiende a satisfacer su tendencia hacia todo tipo de placeres sin reprimirse. Es un poco introvertido, pero controla siempre sus instintos exhibicionistas.

Cambios
Es arriesgado pero no se aparta demasiado de lo tradicional. Es de espíritu combativo y encuentra en el casamiento la solución a sus problemas. Su pareja deseará complementarlo para que se sienta fuerte en las luchas que debe emprender.

HARAHEL

Atributo: Dios conocedor de todas las cosas.
Planeta: Venus.
Coro Angélico: Virtudes.
Horario de regencia: de 19:20 a 19:40 horas.
Se le invoca para:
Atraer la fecundidad a las cosas estériles.

Encontrar objetos de valor perdidos.

Ayudarnos al pago de cuentas atrasadas.

Que los hijos sean amables y obedientes con sus padres.

Curar problemas en órganos reproductivos, principalmente en los femeninos.

Favorecer a corredores de valores, agentes de cambio o bolsa.

Proteger a las personas que trabajan en organismos públicos, archivos, bibliotecas.

Proteger a los que posean cualquier tipo de colección de cosas raras y preciosas.

Favorable

Estará ávido de conocimiento, buscando instruirse en todas las ciencias. Será poseedor de un enorme carisma y se distinguirá por sus virtudes, nobleza de espíritu, amor agradable y valentía o coraje. Su espiritualidad será tan rica que recibirá sus enseñanzas con paciencia y dedicación. Podrá ser un canal para curación. Podrá hacer pinturas canalizadas, trabajar con oráculos, y a edad madura, de forma inesperada, ganará dinero para utilizarlo en gran parte en el cumplimiento de su misión en la existencia terrena.

Cambios

Tendrá buenas relaciones familiares viviendo en armonía con los hijos. Tiene un gran deseo de vivir y adora explorar lo desconocido. Es un gran estratega de la vida y estará siempre dispuesto a regenerar a las personas marginales de la sociedad.

MITZRAEL

Atributo: Dios alivio de los oprimidos.

Planeta: Venus.
Coro Angélico: Virtudes.
Horario de regencia: de 19:40 a 20 horas.
Se le invoca para:
Solucionar conflictos con uno mismo y con otros.
Curar problemas mentales.
Atraer fidelidad de los subalternos.
Desarrollar talento y virtudes.

Favorable
Se distinguirán en la sociedad por sus talentos y nobles virtudes. Reúne las más bellas cualidades del cuerpo y del alma. Sabrá admitir sus errores porque entiende que a través de las experiencias es como construiremos nuestra personalidad. Estará siempre en busca de sí mismo, buscando llegar a un ideal de equilibrio y sabiduría. Será un incansable trabajador y bajo este ángel podrá liberarse de su karma. Sabrá reconocer la mano de Dios en cada detalle de la naturaleza. Desde niño se distinguirá por su gran madurez y estará preparado para obtener éxito.

Cambios
Es cumpliendo sus tareas día a día como estará en paz con su conciencia. Podrá ser considerado un símbolo de lo que es ser humano en su totalidad, tanto física como espiritualmente.

UMABEL

Atributo: Dios por encima de todo.
Planeta: Venus.
Coro Angélico: Virtudes.
Horario de regencia: de 20:00 a 20:20 horas.
Se le invoca para:
Vivir una vida según las leyes divinas.

Hacer recapacitar a aquellos que se apartan de los mandamientos.

Mantener la armonía entre los amigos.

Favorable

Amarán los viajes y los placeres honestos. Será muy amoroso y sensible. Teniendo conciencia de la forma correcta de actuar, es también una persona introvertida y afectuosa, aunque no se adapta a los cambios fácilmente. Es tradicionalista, manteniéndose fiel a los valores enseñados por sus padres. Está dotado de muchísima intuición, abierto a todo lo que está a su alrededor, pero sin involucrarse. Para sentirse bien en una posición social o de trabajo necesita tener ideales y crearlos como si fuera una religión. Necesita soporte ideológico y no le gustan las personas agresivas o indescifrables. Es extremadamente paciente y capaz de soportar todo de la persona amada o algún familiar. Cuando no recibe afecto prefiere el aislamiento.

Cambios

Su fuerza vital se manifiesta en la paternidad o la maternidad. Busca establecer con las personas una imagen filial y será estimado por su equilibrio, dulzura, amabilidad y afectuosidad. No estará interesado en modificar las situaciones de un grupo o clase social y aunque no es un revolucionario, utiliza las energías en las personas más allegadas o en un caso específico. Organiza su vida de acuerdo con su conciencia, manifestada libremente a través de buenos actos y compañerismo

IAHHEL

Atributo: Dios ser supremo.
Planeta: Venus.
Coro Angélico: Virtudes.
Horario de regencia: de 20:20 a 20:40 horas.
Se le invoca para:
Poner en evidencia verdades ocultas.
Favorecer la comprensión y el entendimiento entre cónyuges.
Abandonar los placeres mundanos por los trascendentales.
Obtener sabiduría.
Apaciguar la violencia del mundo.

Favorable
Amará la tranquilidad, la nobleza de carácter y la solidez de actitudes. Cumplirá fielmente todos los deberes y obligaciones para consigo, su familia y la comunidad. Le gustará practicar deportes, aunque es muy evolucionado espiritualmente. Sabe aprovechar su energía para su propio crecimiento o el bien de la Humanidad. Pensará más en los otros que en sí mismo. Desde pequeño demostrará seguridad en todos sus actos dominando sus ansiedades. Es un líder nato, tiene capacidad de improvisación y aprecia los desafíos. Es táctico y busca siempre la victoria inmediata, ganando casi todas las batallas.

Cambios
Será fuerte para soportar las situaciones que son adversas a su estructura emocional y sabe que para conseguir sus objetivos debe actuar con constancia. Lucha por una imagen digna, transparente y verdadera. A las personas que conoce en

innumerables viajes de placer o trabajo, las considera como experiencias que enriquecen su mundo interno.

ANAUEL

Atributo: Dios infinitamente bueno.
Planeta: Venus.
Coro Angélico: Virtudes.
Horario de regencia: de 18 a 19:20 horas.
Se le invoca para:
Curar enfermedades y mantener buena salud.
Protección contra accidentes.
Tener prosperidad en la actividad profesional.
Ayudarnos a encontrar la verdadera espiritualidad y tener sabiduría.

Favorable
Tienen un espíritu sutil, sagaz e inventivo. Su conciencia sólo producirá palabras y acciones verdaderas. Será un excelente intermediario entre el cielo y la tierra, y por su gran iluminación comprenderá los misterios existentes en las relaciones entre todas las cosas. Es un gran iniciado y ya ha practicado la magia para bien de la Humanidad. Estará ávido de conocimientos, teniendo aprecio por los estudios y lecturas. Consigue adaptarse fácilmente a cualquier ambiente situación, no preocupándose por la seguridad.

Cambios
Su inteligencia crítica, simbólica y ordenada, será la causa de que tenga dificultades para encontrar sus compañeros ideales. No se preocupará por dolencias físicas, pues vive de acuerdo a la máxima de: "en cuerpo sano, mente sana". Cuando

eventualmente aparezcan dolencias tiende a curarse solo.

MEHIEL

Atributo: Dios que da vida.
Planeta: Venus.
Coro Angélico: Virtudes.
Horario de regencia: de 21:00 a 21:20 horas.
Se le invoca para:
Reconfortarnos ante adversidades.
Tener inspiración para obras literarias.
Protección de un comercio.
Protegernos contra accidentes de tránsito.

Favorable
Destacará sobre todo por la fuerza de voluntad para aprender. Es tolerante y generoso, comprenderá a todos y buscará el lado positivo de las cosas, como también entenderá sus defectos. Habitualmente se quedará con la mejor parte de cualquier cosa, siempre y cuando los demás involucrados queden bien. Es maduro, tiene intelecto luminoso y podría tener un cuerpo perfecto. Está pleno de vitalidad y sabe equilibrar la razón con la pasión. Adora amar y ser amado, teniendo necesidad a veces de poseer y dar afecto. Protege siempre a la familia con su enorme fuerza y podría parecer un poco ingenuo al considerar a todos como amigos. Le cuesta percibir la traición. Se enoja con facilidad cuando se le trata de una forma injusta y será siempre el centro de las atenciones por su espléndida forma de decir.

Cambios
Puede hacer viajes, reuniones o fiestas constantemente. Considera siempre que todo está a

su favor, aun cuando esté en dificultades. En su vida generalmente no hay lugar para creencias en supersticiones o fuerzas del destino.

DAMABIAH

Atributo: Dios fuente de sabiduría.
Planeta: Luna.
Coro Angélico: Guardianes.
Horario de regencia: de 21:20 a 21:40 horas.
Se le invoca para:
Darnos sabiduría y éxito en los negocios.
Protegernos en viajes por mar.

Favorable
Tendrá una fortuna considerable y destacará en el medio en que vive por sus descubrimientos útiles. Podrá ser llamado aventurero por vivir la vida de forma profunda. Generoso, noble, poseedor de un espíritu elevadísimo, tendrá enormes posibilidades de éxito. Con su pensamiento positivo podrá quebrar cualquier tipo de maleficio y tendrá ayuda financiera en su búsqueda o expediciones que se pueden considerar históricas.

Cambios
Estará siempre cambiando de ciudad sin programar nada demasiado, dejando que las cosas sucedan por medio de la sorpresa. Estará siempre involucrado en situaciones sentimentales múltiples. Adora la libertad y no soporta las relaciones tipo prisión, fiel a sus ideales, jamás hará sufrir a nadie por sus egoísmos o sacar ventaja de una persona indefensa.

MANAKEL

Atributo: Dios que mantiene las cosas.
Planeta: Luna.
Coro Angélico: Guardianes.
Horario de regencia: de 21:40 a 22:00 horas.
Se le invoca para:
Calmar la cólera.
Proteger el sueño y combatir el insomnio.
Darnos inspiración para la música y la poesía.

Favorable
Reúnen las más bellas cualidades del alma y la personalidad. Será conocido por su óptimo carácter, por su amabilidad y bondad. Soportará todos los problemas sin reclamar, es un eterno luchador y será un estímulo positivo para cada uno y para la comunidad. Su lema es vencer y otro lema es el significado: sólo tienen miedo de morir aquellos que no saben vivir.

Invertir
Conseguirá desarrollar su fuerte poder de captación y observación que aplicará en todas situaciones. Siempre traza planes optimistas y lógicos, no midiendo esfuerzos para realizarlos. Estará siempre bien con todas las personas, pero no consigue nunca esconder sus sentimientos.

EIAEL

Atributo: Dios alegría de los hombres.
Planeta: Luna.
Coro Angélico: Guardianes.
Horario de regencia: de 22:00 a 22:20 horas.
Se le invoca para:

Tener consuelo en las adversidades e injusticias.
Ayudarnos en la preservación de los bienes materiales obtenidos por trabajo.
Tener concentración en el estudio de filosofía mística y religión.
Ampliar la conciencia y la percepción.
Ayudarnos en los cambios emocionales.

Favorable
Estará iluminado por el espíritu de Dios. Tendrá solidez en los emprendimientos, se destacará en los estudios y búsqueda en las altas ciencias esotéricas, en especial al Cábala y la Astrología. Influyente y confiable, no aprueba la duplicidad de opiniones o la deshonestidad.

Cambios
Transformará todos sus sueños en proyectos y realizaciones, ya que nada traspasa el límite de sus posibilidades. No es una persona interesada, pero le gustan las demostraciones de afecto, dedicando gran atención a su familia y nunca dejará una tarea sin terminar. Su salud será favorecida porque nunca cometerá excesos, entendiendo que el cuerpo es el templo del alma.

HABUIAH

Atributo: Dios generoso.
Planeta: Luna.
Coro Angélico: Guardianes.
Horario de regencia: de 22:20 a 21:40 horas.
Se le invoca para:
Tener fertilidad en la tierra.
Tener fertilidad en las parejas.
Proteger la salud y tener curación en general.

Favorable

Son elegantes, nobles y altruistas en sus relaciones, debido a su dominio espíritu-instinto. Su buen astral es contagioso, es poderoso, inteligente y con profunda capacidad de análisis. Consigue catalogar aquello que llega a sus manos descartando lo que no le interesa. Su conducta honesta será una protección contra los problemas y las influencias negativas. Muchas veces pensará que las puertas se les cierran, pero por cada puerta cerrada los ángeles le abrirán muchas otras. Entregará a Dios su futuro con total confianza y seguridad. Cae bien donde sea que esté.

Cambios

Su espíritu material ayudará a otros a veces de forma ingenua, pero es necesario para que pueda cumplir bien su camino que armonice las relaciones con los más próximos a él, tratando de no dejar ningún rencor. Está dotado también de protección de elementos, especialmente los de tierra y quizá por esto pueda tener necesidad de vivir en el campo donde su inteligencia se manifestará, obteniendo mejores ideas.

RIQHIEL

Atributo: Dios que todo lo ve.
Planeta: Luna.
Coro Angélico: Guardianes.
Horario de regencia: de 22:40 a 23:00 horas.
Se le invoca para:
Abrir la percepción para encontrar objetos perdidos o robados.

Influir sobre la fama y fortuna de abogados y magistrados.

Favorable
Están dotados de fuerza y energía, siempre actuando de forma benéfica con los más allegados. Poseerá un magnífico genio inventivo y una fuerte misión que cumplir con respecto a su familia. Tiene gran capacidad para suavizar el sufrimiento de sus personas amadas. Dotado de fuerte intuición que se manifiesta a través de su inteligencia analítica, estará desligado de los impulsos y las tendencias materiales.

Cambios
Tendrá gran facilidad de adaptación y voluntad de aprender. Nunca se sentirá amedrentado al enfrentar las pruebas y deberá saber que cada vez que pierda en el plano físico, gana en el espiritual.

HABAMIAH

Atributo: Dios creador de todas las cosas.
Planeta: Luna.
Coro Angélico: Guardianes.
Horario de regencia: de 23:00 a 23:20 horas.
Se le invoca para:
Cambiar nuestros hábitos de pensamientos.
Ayudarnos en la recuperación de drogas y alcohol.
Darnos confianza y optimismo.

Favorable
Puede dominar todos los fenómenos de la naturaleza (los poderes, la energía). Tendrá siempre ideas de confianza y optimismo en todos los sectores de su vida sentimental, social y profesional.

Es un poco reservado y a veces introspectivo. Percibe todo a su alrededor y cuando es necesario entra en acción inmediatamente. Su imagen es íntegra y no tiene nunca nada que esconder. Espiritualizado, desprendido de todo lo que no sea esencial, consigue regenerar personas, plantas o animales.

Cambios
Busca mucho su propia verdad y es un verdadero liberal que le permitirá ser conocedor de organizaciones cósmicas y aspectos elevados en los que se trate de la Angeología. Tiene una gran intuición y recibe una gran información a través de esto. Su religión es la verdad y es dueño de su destino.

JAIAIEL

Atributo: Dios nuestro del universo.
Planeta: Luna.
Coro Angélico: Guardianes.
Horario de regencia: de 23:20 a 23:40 horas.
Se le invoca para:
Tener coraje y valentía para enfrentar peligros.
Liberarnos de vínculos con persona que nos quieren oprimir.
Sentirnos en paz y tener fuerza, valentía, talento y seguridad en todas las actividades.

Favorable
Estas personas luchan contra cualquier tipo de injusticia, pues saben discernir entre lo correcto y lo incorrecto. Su manera de pensar esencialmente correcta se demuestra en su comportamiento. Su existencia es sinónimo de abundancia y felicidad,

sintiéndose seguro cuando tiene el apoyo de su cónyuge y de su familia que nunca serán fuente de problemas para él.

Cambios
Deberá recordar que todo momento difícil le lleva al crecimiento espiritual. Es una persona fiel y preocupada en su vida particular, pero que necesita momentos de aislamiento, aunque no le gusta vivir solo. Su ritmo de trabajo es rápido, obteniendo los beneficios generalmente antes de lo previsto.

MUMIAH

Atributo: Dios fin de todas las cosas.
Planeta: Luna.
Coro Angélico: Guardianes.
Horario de regencia: de 23:40 a 24:00 horas.
Se le invoca para:
Protegernos contra operaciones mágicas de las cuales no tenemos conocimiento.
Ayudarnos a tener flexibilidad en lo emocional.
Proteger a pobres y sufrientes.
Ayudarnos a ver nuestras trabas emocionales.

Favorable
Serán célebres por sus descubrimientos maravillosos, descubrirán secretos de la naturaleza y siempre tendrán palabras de fuerza y coraje contra la maldad y la injusticia. Gustan de los cambios porque son renovadores, y siempre modifican su forma de pensar. Detestan las cosas ilusorias y siempre estarán ayudando a las personas que salen de estados opresivos o deprimentes. Buscan incesantemente la verdad para alcanzar una situación más objetiva de la vida.

Cambios

Estará dotado de una fuerza superior, pudiendo desencadenar acontecimientos para sí y los demás que necesiten de su iniciativa. Batallará por ideales y trabajará eficientemente reservando una especial atención al estudio de las leyes. Atraerá riqueza y poder a través de sus palabras y será un profundo conocedor entre la relación del macro y el microcosmos.

APÉNDICE

Quiénes son los ángeles

San Agustín dice respecto a ellos: "Ángelus officii nomen est, non naturae. Quaeris nomen huius naturae, spiritus est; quaeris officium, Ángelus est: ex eo quod est, spiritus est, ex eo quod agit, Ángelus" ("El nombre de ángel indica su oficio, no su naturaleza. Si preguntas por su naturaleza, te diré que es un espíritu; si preguntas por lo que hace, te diré que es un ángel ").

Con todo su ser, los ángeles son servidores y mensajeros de Dios. Porque contemplan "constantemente el rostro de mi Padre que está en los cielos" (Mt 18, 10), son "agentes de sus órdenes, atentos a la voz de su palabra" (Sal 103, 20).

En tanto que criaturas puramente espirituales, tienen inteligencia y voluntad: son criaturas personales e inmortales. Superan en perfección a todas las criaturas visibles. El resplandor de su gloria da testimonio de ello. Cristo "con todos sus ángeles"

Cristo es el centro del mundo de los ángeles. Los ángeles le pertenecen: "Cuando el Hijo del hombre venga en su gloria acompañado de todos sus ángeles... (Mt 25, 31). Le pertenecen porque fueron creados por y para El: "Porque en él fueron creadas todas las cosas, en los cielos y en la tierra, las visibles y las invisibles, los Tronos, las Dominaciones, los Principados, las Potestades: todo fue creado por él y para él" (Col 1, 16).

Le pertenecen más aún porque los ha hecho mensajeros de su designio de salvación: "¿Es que no son todos ellos espíritus servidores con la misión

de asistir a los que han de heredar la salvación?"
(Hb 1, 14).

Desde la creación y a lo largo de toda la historia de
la salvación, los encontramos, anunciando de lejos o
de cerca, esa salvación y sirviendo al designio divino
de su realización: cierran el paraíso terrenal
protegen a Lot, salvan a Agar y a su hijo, detienen la
mano de Abraham, la ley es comunicada por su
ministerio (cf Hch 7, 53), conducen el pueblo de
Dios, anuncian nacimientos y vocaciones, asisten a
los profetas, por no citar más que algunos ejemplos.
Finalmente, el ángel Gabriel anuncia el nacimiento
del Precursor y el de Jesús.

De la Encarnación a la Ascensión, la vida del Verbo
encarnado está rodeada de la adoración y del
servicio de los ángeles. Cuando Dios introduce "a su
Primogénito en el mundo, dice: `adórenle todos los
ángeles de Dios'" (Hb 1, 6). Su cántico de alabanza
en el nacimiento de Cristo no ha cesado de resonar
en la alabanza de la Iglesia: "Gloria a Dios... (Lc 2,
14). Protegen la infancia de Jesús, sirven a Jesús en
el desierto, lo reconfortan en la agonía, cuando El
habría podido ser salvado por ellos de la mano de
sus enemigos como en otro tiempo Israel. Son
también los ángeles quienes "evangelizan" (Lc 2, 10)
anunciando la Buena Nueva de la Encarnación, y de
la Resurrección de Cristo. Con ocasión de la
segunda venida de Cristo, anunciada por los
ángeles, éstos estarán presentes al servicio del juicio
del Señor.

Los ángeles no tienen "cuerpo" (si bien en
determinadas circunstancias se manifiestan bajo
formas visibles a causa de su misión en favor de los

hombres), y por tanto no están sometidos a la ley de la corruptibilidad que une todo el mundo material. Jesús mismo, refiriéndose a la condición angélica, dirá que en la vida futura los resucitados "no pueden morir y son semejantes a los ángeles" (Lc 20, 36).

En cuanto criaturas de naturaleza espiritual, los ángeles están dotados de inteligencia y de libre voluntad, como el hombre, pero en grado superior a él, si bien siempre finito, por el límite que es inherente a todas las criaturas. Los ángeles son, pues, seres personales y, en cuanto tales, son también ellos, "imagen y semejanza" de Dios. La Sagrada Escritura se refiere a los ángeles utilizando también apelativos no sólo personales (como los nombres propios de: Rafael, Gabriel, Miguel), sino también "colectivos" (como las calificaciones de: Serafines, Querubines, Tronos, Potestades, Dominaciones, Principados), así como realiza una distinción entre Ángeles y Arcángeles. Aún teniendo en cuenta el lenguaje analógico y representativo del texto sacro, podemos deducir que esto seres-personas, casi agrupados en sociedad, se subdividen en órdenes y grados, correspondientes a la medida de su perfección y a las tareas que se les confía. Los autores antiguos y la misma liturgia hablan también de los coro angélicos (nueve, según Dionisio el Areopagita). La teología, especialmente la patrística medieval, no ha rechazado estas representaciones, tratando en cambio de darle una explicación doctrinal y mística, pero sin atribuirles un valor absoluto. Santo Tomás ha preferido profundizar las investigaciones, sobre la elevación espiritual de estas criaturas puramente espirituales, tanto por su dignidad en la escala de los seres, como porque en ellos podía profundizar mejor las capacidades y actividades propias del espíritu en el estado puro, sacando do cllo no puca luz para iluminar los problemas de fondo que desde siempre agitan y estimulan el pensamiento humano: el conocimiento, el amor, la libertad, la docilidad a Dios, la consecución de su reino.

Notamos que la Sagrada Escritura y la Tradición llaman propiamente ángeles a aquellos espíritus puros que en la prueba fundamental de libertad han elegido a Dios mediante el amor consumado que brota de la visión beatífica cara a cara, de la Santísima Trinidad. Lo dice Jesús mismo: "Sus ángeles ven de continuo en el cielo la faz de mi Padre, que está en los cielos" (Mt 18, 10).
Ese "ver de continuo la faz del Padre" es la manifestación más alta de la adoración de Dios. Se puede decir que constituye esa "liturgia celeste", realizada en nombre de toso el universo, a la cual se asocia incesantemente la liturgia terrena de la Iglesia, especialmente en sus momentos culminantes. Baste recordar aquí el acto con el que la Iglesia, cada día y cada hora, en el mundo entero, antes de dar comienzo a la plegaria eucarística en el corazón de la Santa Misa, se apela "a los Ángeles y a los Arcángeles" para cantar la gloria de dios tres veces Santo, uniéndose así a aquellos primeros adoradores de Dios, en el culto y en el amoroso conocimiento del misterio inefable de su santidad.

También según la Revelación, los ángeles que participan en la vida de la Trinidad en la luz de la gloria, están también llamados a tener su parte en la historia de la salvación de los hombres, en los momentos establecidos por el designio de la

Providencia Divina. "¿No son todos ellos espíritus administradores, enviados para servicio en favor de los que han de heredar la salud?", pregunta el autor de la Carta a los Hebreos (1, 14). Y esto cree y enseña la Iglesia, basándose en la Sagrada Escritura, por la cual sabemos que es tarea de los ángeles buenos la protección de los hombres y la solicitud por su salvación.

Hallamos estas expresiones en diversos pasajes de la Sagrada Escritura, como por ejemplo en el Salmo 90/91, citado ya repetidas veces: "Pues te encomendará a sus ángeles para que te guarden en todos tus caminos, y ellos te levantarán en sus palmas para que tus pies no tropiecen en las piedras" (Sal 90/91, 11-12). Jesús mismo, hablando de los niños y amonestando a no escandalizarlos, apela a sus "ángeles" (Mt 18, 10). Además, atribuye a los ángeles la función de testigos en el supremo juicio divino sobre la suerte de quien ha reconocido o renegado a Cristo: "A quien me confesare delante de los hombres, el Hijo del hombre le confesará delante de los ángeles de Dios" (Lc 12, 8-9; cf. Ap 3, 5). Estas palabras son significativas porque si los ángeles toman parte en el juicio de Dios, están interesados en la vida del hombre. Interés y participación que parecen recibir una acentuación en el discurso escatológico, en el que Jesús hace intervenir a los ángeles en la parusía, o sea, en la venida definitiva de Cristo al final de la historia (cf. Mt 24, 31; 25, 31. 41).

Entre los libros del Nuevo Testamento, los Hechos de los Apóstoles nos hacen conocer especialmente algunos episodios que testimonian la solicitud de los ángeles por el hombre y su salvación. Así, cuando el ángel de Dios libera a los Apóstoles de la prisión (cf. Hch 5, 18-20), y ante todo a Pedro, que estaba amenazado de muerte por la mano de Herodes (cf. Hch 12, 5-10). O cuando guía la actividad de Pedro respecto al centurión Cornelio, el primer pagano convertido (Hch 10, 3-8; 11, 12-13), y análogamente la actividad del diácono Felipe en el camino de Jerusalén a Gaza (Hch 8, 26-29).

De estos pocos hechos citados a título de ejemplo, se comprende cómo en la conciencia de la Iglesia se ha podido formar la persuasión sobre el ministerio confiado a los ángeles en favor de los hombre. Por ello la Iglesia confiesa su fe en los ángeles custodios, venerándolos en la liturgia con una fiesta especial, y recomendando el recurso a su protección con una oración frecuente, como en la invocación del "Ángel de Dios". Esta oración parece atesorar las bellas palabras de San Basilio: "Todo fiel tiene junto a sí un ángel como tutor y pastor, para llevarlo a la vida" (cf. San Basilio, Adv, Eunomium, III, 1; véase también Santo Tomás, S. Th., I, q. 11, a. 3).

Finalmente es oportuno anotar que la Iglesia honra con culto litúrgico a tres figuras de ángeles, que en la Sagrada Escritura se les llama con un nombre. El primero es Miguel Arcángel (cf. Dan 10, 13. 20; Ap 12, 7; Jdt 9). Su nombre expresa sintéticamente la actitud esencial de los espíritus buenos. "Mica-El" significa en efecto: "¿Quién como Dios?". En este nombre se halla expresada pues la elección salvífica gracias a la cual los ángeles "ven la faz del Padre" que está en los cielos. El segundo es Gabriel: figura vinculada sobre todo al misterio de la Encarnación del Hijo de Dios (cf. Lc 1, 19. 26). Su nombre significa: "Mi poder es Dios "o "Poder de Dios", como para decir que el culmen de la creación, la

Encarnación es el signo supremo del Padre Omnipotente. Finalmente el tercer Arcángel se llama Rafael. "Rafa-El" significa: "Dios cura". Él se ha hecho conocer por la historia de Tobías en el Antiguo Testamento (cf. Tob 12. 15. 20, etc.). Es muy significativo el hecho de que Dios confíe a los ángeles a sus pequeños hijos, siempre necesitados de custodia, cuidado y protección.

Pedimos a San Uriel, nos libre de caer en la pasión del odio, la ira y el rencor, y también nos proteja de personas malvadas, iracundas, envidiosas; y derrame en nuestro corazón y en el alma de los que nos rodean, el Amor, dulce, suave y sereno.

TELEPATÍA
Y
TELEQUINESIS

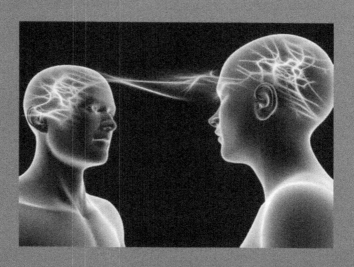

EDICIONES
MASTERS

Curso básico
TAROT
y otras Artes Adivinatorias
(Runas, Zahorí, Péndulo, Profecías)

EDICIONES MASTERS

Magia Negra
Magia Blanca

EDICIONES
MASTERS

Made in the USA
Columbia, SC
13 July 2020

Made in the USA
Monee, IL
04 March 2021